空飛ぶスパゲッティ・モンスター教ガイドブック

FSM

The Gospel of the Flying Spaghetti Monster

A Guidebook of Pa[illegible]arianism

J [illegible] K U M I N S H A

はじめに

あなたには、信仰している「宗教」がありますか？

昨今、何かと世間の耳目を集め、話題になることが増えた「宗教」。この日本では信仰の自由が憲法で保障されており、その教義や勧誘方法などのありかたは宗教によって実に様々だが、あなたが理想と考えている「宗教」とは、一体どんなものだろうか？

この本は、このような時代にあって宗教について考えるとき、ぜひ知っていただきたい新宗教を紹介する目的で執筆された。

2005年にアメリカで誕生した「空飛ぶスパゲッティ・モンスター教会（以降、空飛ぶスパゲッティ・モンスター教／スパモン教　※欧米では

FLYING SPAGHETTI MONSTERの頭文字を取って「FSM」とも表記される)」である。

「アーメン」ではなく「ラーメン」と唱え、「万物はスパゲッティ・モンスターによって創造された」「我々の先祖は猿ではなく海賊だ!」といった主張をする空飛ぶスパゲッティ・モンスター教会は、大学時代に物理を学んだボビー・ヘンダーソンという人物によって創設された。インターネット上における拡散によって、その存在が知れ渡り、世界中で信者(パスタファリアン)を増やしているのだ。

ただのおふざけと思うなかれ! その教えや主張は、じっくり読んでみるとどうして、現存する宗教に対する疑問とアンチテーゼを鋭く投げかけるなんとも皮肉の効いたものなのだ。

読み終わるころには、あなたもパスタファリアンになりたいと思っているかもしれない!?

FSM研究会

目次

第3章 パスタファリアニズムの布教

第4章 世界のパスタファリアン

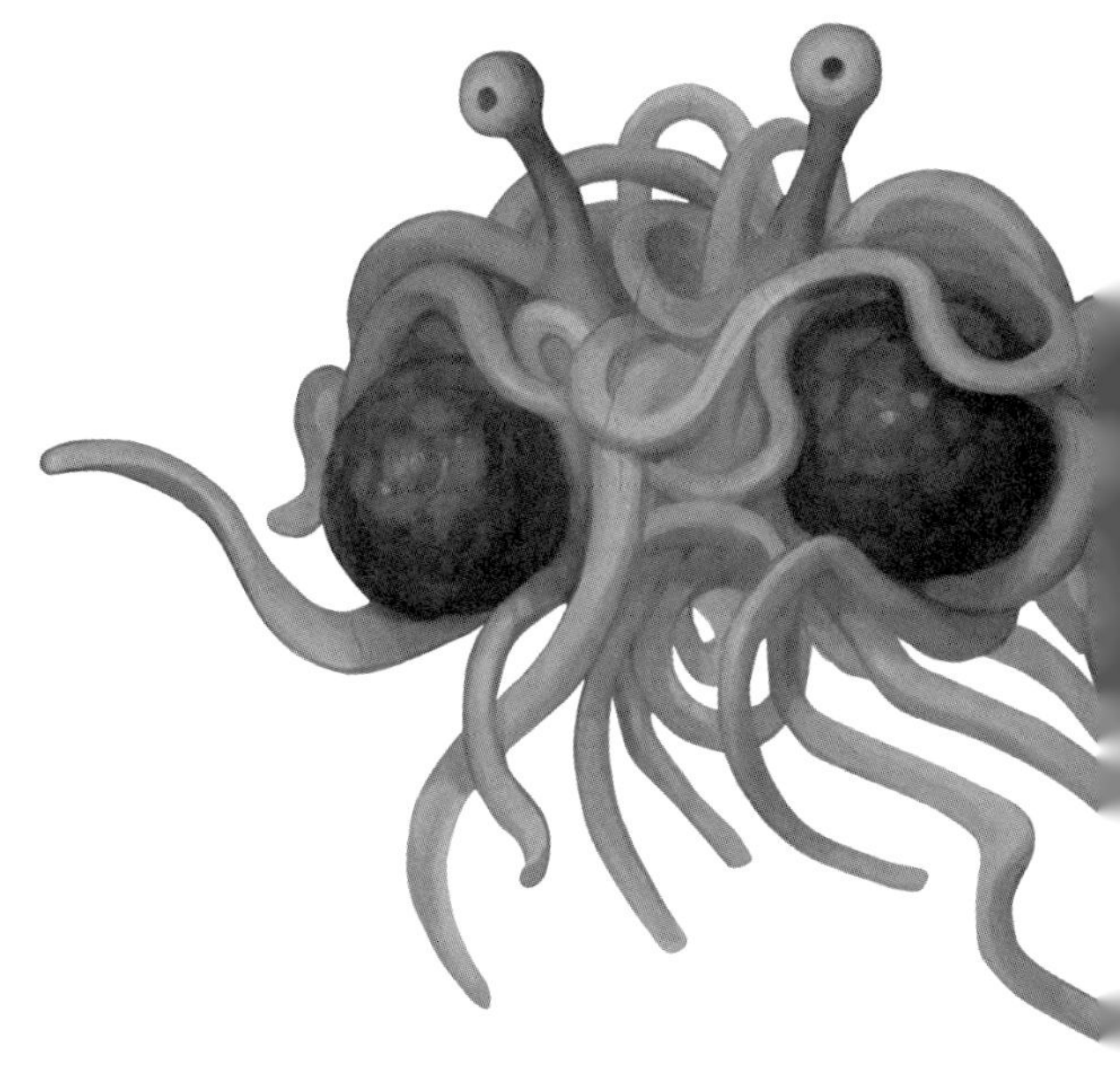

第 1 章

CHURCH OF THE FLYING SPAGHETTI MONSTER

空飛ぶ
スパゲッティ・モンスター教
の誕生

強烈な皮肉とユーモアで世界中に拡大する新宗教

ネットで話題の空飛ぶスパゲッティ・モンスター教とは?

わたしたちが生きるこの宇宙は、大酒を飲んだ「空飛ぶスパゲッティ・モンスター」によって5000年前に創造され、天国にはビールが湧き出る火山とストリッパー工場がある。一方、地獄の場合はビールの炭酸が抜けていてストリッパーが性病持ちであるという点以外は天国と同じである——。そんな教義を掲げている宗教がある。2004年にアメリカで生まれた「空飛ぶスパゲッティ・モンスター教」だ。

その誕生の起因をたどると、「進化論」に行き着く。進化論とは、かの有名なイギリスの自然科学者であるチャールズ・ダーウィンによって広く浸透した「生き物は不変のものではなく、長い時間をかけて次第に変化してきた」とする理論のこと。1859年、ダーウィンは著書『種の起源』を出版し、自然における多様性のもっとも有力な科学的説明として進化論を確立した。

この進化論がすぐに世に浸透したわけではなかった。当時は遺伝子も発見されておらず、進化論を完全に証明することが困難だったからだ。アメリカにおいてはなおさらである。というのも、キリスト教が広く信仰されてきたアメリカでは、「約6000年前に神が人類を創造した」という考えが常識だったからだ。

その常識のベースにあるのは、キリスト教とユダヤ教の聖書の最初の書であり聖典である「創世

イギリスの自然科学者、チャールズ・ダーウィン（1809〜1882年）。5年間に渡る世界一周航海を経て、1859年、『種の起源』を出版。同書で提唱した自然選択による進化は、現代における生物学の基盤となっている

記」。創世記では、「神が天と地を創造し、自分に似せた姿の人間をつくり、その他の生き物もつくった」とされている。その常識のなかで生きてきた人々からすると、たとえ学者であっても進化論を否定する人も数多くいたのだ。

ただ、多くのキリスト教信者がこれまでの常識を覆す進化論に否定的だったものの、なかには進化論を取り入れた考えを持つようになった信者もいた。そうして、次第に進化論は認知されていき、創世記との間に整合性を持つ「有神進化論」というものも生まれた。

進化論を受け入れ、一方で神が人間を含む生き物を創造したという「創造論」を否定することもない、「生き物の進化の過程も含めてすべてを神が創り出した」という考え方だ。これにより、宗教と科学の関係は近づけられたことになる。

もちろん、進化論と創造論のどちらが正しいかということについては、簡単に決めつけていいことではない。進化論を学んできた多くの日本人か

らすると創造論を心から信じることに違和感を覚えるかもしれないが、時代や環境、文化が変われば考え方も変わって当然である。

そして、その考え方の違いによってアメリカではこれまでに進化論と創造論をめぐる裁判が何度も行われてきた。当初は進化論と創造論をめぐっての単なるディベートであったが、進化論を否定する運動家の登場によって実際の法廷での論争に発展。その論争はついにはアメリカの連邦最高裁判所に持ち込まれるまでになった。

1923年に行われた当初のディベートでは、初日は進化論側が勝利したものの、2日目には進化論側が示す証拠に確実性がないと反証した創造論側が勝利。結局、このディベートに決着がつくことはなかった。

その2年後、進化論教育を禁じられていた状況に対して意義を唱えたアメリカ自由人権協会は、「公立学校で意図的に進化論教育を行って逮捕される志願者」を公募。それに応じたジョン・スコープスという教師が実際に逮捕された。

スコープスの罪を問う裁判には、過去にアメリカ民主党のトップを務めたW・J・ブライアンが検察代表、前年にふたりの男の死刑判決を覆した敏腕弁護士であるクラレンス・ダロウが弁護団代表として法廷に立った。そして、アメリカ自由人権協会の狙いどおり、この裁判における論争の中心は、「違法の進化論教育をスコープスが行ったかどうか」ではなく、「創造論の正しさを主張する検察側と進化論の正しさを主張する弁護側の争い」となった。結局、スコープスは有罪となり、現在の価値で1500ドルほどの罰金が課された。検事側は勝訴を果たしたが、ダロウの巧みな話術と尋問、整然とした主張は多くの人の心を揺さぶり、進化論と創造論をめぐる世論は徐々に変わっていくこととなった。

しかし、進化論教育を禁じる法律に再び異論が唱えられるまでには、アーカンソー州でとある裁判が行われた1968年まで待たなければならなかった。スコープスの裁判以降も40年以上ものあいだ、アメリカでは進化論教育が禁じ続けられていたのだ。

その裁判のきっかけは、１９５７年のソ連によるロケット・スプートニクの打ち上げだ。米ソのあいだの宇宙開発競争において、「ソ連に先を越された」という事実は、多くのアメリカ人に大きな衝撃を与えた。そして、人々の「科学技術でソ連に負けているのではないか」という思いの矛先は、アメリカ政府の科学政策に向かった。

国防総省は政策変更を提案し、そのひとつが進化論教育禁止の撤廃であった。１９６７年にはテネシー州で進化論教育が認可され、そして翌１９６８年、アーカンソー州の最高裁判所で行われた「アーカンソー州反進化論法裁判」が、先に触れた裁判である。

州の最高裁判所が下した判決は、「進化論教育は不要」であったが、それを不服とした訴訟人は上訴。それに対し、連邦最高裁判所は、「聖書に一致しないという理由で進化論を禁じるのは、特定の理論を抹消する行為にあたり、アメリカ合衆国憲法修正第1条に違反する」という判決を下す。

アメリカ合衆国憲法修正第1条とは、「連邦議会は、国教を樹立し、もしくは信教上の自由な行為を禁止する法律を制定してはならない。また、言論もしくは出版の自由、または人民が平穏に集会し、また苦痛の救済を求めるため政府に請願する権利を侵す法律を制定してはならない」というもの。〝自由の国・アメリカ〟そのものを表す、信仰や表現の自由を保証する内容である。進化論教育を禁じることは憲法違反であるとする、初の連邦最高裁判所の判断を引き出したのだ。

しかし、それでも長年にわたって創造論を常識としてきた人々の考え方はそう簡単には変わらない。２０１５年11月時点での調査においても、アメリカでは進化論を否定的に見ている人の割合が約４割にも達していた。そこに現れたのが、「インテリジェント・デザイン論」だ。

インテリジェント・デザイン論とは、「生き物や宇宙の構造の複雑さや緻密さを根拠に、『知性あるなにか』によって生命や宇宙の精妙なシステムが設計されたとする理論」のこと。「単細胞からはじまって徐々に進化し、人間のような高等生物が偶然に生まれることは考えにくく、『知性あるなにか』という第三の存在が介入しないと説明がつかない」というわけだ。

それまで進化論と争っていた創造論では、必ず「神」に言及することになっていた。当然ながら、そのベースにあるのがキリスト教とユダヤ教の聖典である創世記だからだ。

しかし、インテリジェント・デザイン論においては、第三の存在を「神」はなく「知性あるなにか」、あるいは「偉大なる知性」「高度な知性」などとした。つまり、意図的に宗教色を抑えただけの、実質的には創造論となんら変わらない理論と見ることもできるが、このことが反進化論者には都合がよかった。特定の宗教に基づく教育を押しつけることにはならないからだ。

また、第43代アメリカ大統領、ジョージ・W・ブッシュもインテリジェント・デザイン論の支持者のひとりであった。そういうこともあり、公教育にインテリジェント・デザイン論を取り入れようとする動きが出てきた。

こうしてインテリジェント・デザイン論と進化論をめぐる論争が活発化するなか、2005年のカンザス州教育委員会では、公教育において進化論と同様にインテリジェント・デザイン論の立場も教えなければならないという決議が評決されることが確実視されていた。というのも、前年の教育委員の改選によって委員6人のうち4人を、進化論に否定的な保守派が占めていたからだ。

これに抗議したのが、オレゴン州立大学物理学科卒業生のボビー・ヘンダーソンであった。なにを隠そう、彼こそが空飛ぶスパゲッティ・モンスター教の創始者である。ヘンダーソンは、創造論の一部として、空飛ぶスパゲッティ・モンスター

インテリジェント・デザイン説を学校の授業で取り上げる決議をカンザス州教育委員会が下したことを知り、オレゴンに住むひとりの男性が立ち上がる

教を進化論やインテリジェント・デザイン論と同様に公教育に取り入れるべきだと公開質問状において提案した。「学校で進化論と並行してインテリジェント・デザイン論を教えなければ不公平になるのであれば、空飛ぶスパゲッティ・モンスターが人間や宇宙を創ったという説も教えないと不公平になるのではないか」というわけだ。

この質問状がカンザス州教育委員会に無視されると、ヘンダーソンはそれをインターネット上に公開。すると瞬く間に反響を呼び、信者は急速に増えていった。

それればかりではない。2005年にカンザス州において公教育にインテリジェント・デザイン論を取り入れることは可決されたものの、2006年に行われた改選では可決時の教育委員は全員が落選。2007年にはインテリジェント・デザイン論を公教育で教えないこととなったのだ。

これが空飛ぶスパゲッティ・モンスター教の誕生の経緯だ。2016年にはオランダで、2017年には台湾で正式な宗教団体として認可された。この日本にも支部がある。

ニュージーランドでは、2016年に法的に認められた結婚式として世界初の結婚式が執り行われた。空飛ぶスパゲッティ・モンスター教においては海賊が「選ばれし民」であり「人類の祖先」とされることから、海賊の衣装をまとった新郎新婦が、海賊船を模したチャーター船の上でパスタ製の指輪を交換し、新郎は「パスタをゆでるときには必ず塩を入れることを誓います」と宣誓した。

空飛ぶスパゲッティ・モンスター教の起源は、公教育にインテリジェント・デザイン論が取り入れられることに対する抗議という点にあり、宗教としての勢力の拡大や信者の獲得を目指したものではなかった。しかし、そのユーモアや、創造論、インテリジェント・デザイン説に対する強烈な皮肉が多くの人の心をつかみ、インターネット・ミーム（インターネット上でのいわゆる〝ネタ〟）となって世界中に広まっていったのだ。

カンザス教育委員会から何の返答も得られなかったヘンダーソンは、先方に送った手紙と併せて、空飛ぶスパゲッティ・モンスター教の信条と実践について自身のウェブサイトに掲載。すると1年も経たぬうちに、ネット上で大きな話題になる。こうして多くの信者＝パスタファリアンが生まれることに

「預言者」は放浪癖のあるコンピューター・オタク?

創始者のボビー・ヘンダーソンとは一体、どんな人物?

「空飛ぶスパゲッティ・モンスター教」の創始者であるボビー・ヘンダーソンは、1980年にアメリカのオレゴン州に生まれ、ローズバーグ高校卒業後、オレゴン州立大学で物理学を学んだ。

プロフィールによれば、ラスベガスのギャンブル界から何度か勧誘を受けたこともあるという。著書には地獄について「ラスベガスと似たり寄ったり」という記述があるが、それも彼がラスベガスになじみがあったからなのだろう。大学卒業後にはラスベガスのあるネバダ州の他、アリゾナ州などに住み、放浪していたという。

その後、フィリピンの島に3年間住み、現在はアメリカに戻って「フルタイムの預言者」として身を立てているという。ヘンダーソン自身は空飛ぶスパゲッティ・モンスター教の創始者ではあるが、あくまでも「預言者」であり、その創造者は空飛ぶスパゲッティ・モンスターそのものであることを強調している。2005年に空飛ぶスパゲッティ・モンスターが自身の前に姿を現し、「我は宇宙の真の創造主なり」と明かした直後に預言者となったとしている。

また、空飛ぶスパゲッティ・モンスター教の公式サイトでは、「空飛ぶスパゲッティ・モンスター教の預言者以外の職業」として、「ホーボー」「ハンモック愛好家」「コンピューターにまつわるさまざまなオタク」と記載している。

ヘンダーソンが物理学を学んだオレゴン州立大学。1868年に創立された国際的にも評価が高い総合大学。学生数は、およそ33000人

モハーヴェ砂漠内にあるラスベガスは、世界有数のギャンブルの街。ヘンダーソンは著書で地獄を「ラスベガスに似たり寄ったり」と表現

インテリジェント・デザイン論の支持者の主張を逆手に

ヘンダーソンの主張はスパモン理論も公教育で教えられるべき！

ボビー・ヘンダーソンが、空飛ぶスパゲッティ・モンスター教を立ち上げたきっかけは、2005年、カンザス州教育委員会が公教育において「進化論」と並行して「インテリジェント・デザイン論」を教えようとした動きを見せはじめたことにある。

進化論とは、いわずと知れたイギリスの自然科学者、チャールズ・ダーウィンによって広く知られることになった「生き物は不変のものではなく、長い時間をかけて次第に変化してきた」とする理論のこと。たとえば人間の場合ならサルから進化したという、いまではあたりまえのように多くの人が信じている理論であり、アメリカなど他国と比較すると宗教に対する信仰心が薄い日本では、公教育で学ぶこともあって、「神が人間を含む生き物を創造した」という「創造論」と比べて広く受け入れられている理論だ。

一方のインテリジェント・デザイン論とは、「生き物や宇宙の構造の複雑さや緻密さを根拠に、『知性あるなにか』によって生命や宇宙の精妙なシステムが設計されたとする理論」のこと。この「知性あるなにか」については明確にしていないが、「神」とせずにぼやかすことで、意図的に宗教色を抑えた実質的な創造論と見ることができる。

神に言及しないこと以外にも、創造論とインテリジェント・デザイン論には多少の違いがある。

アメリカでは21世紀になった今でも人類が猿から進化したことを信じていない人たちが多くいる。2019年の調査によると、共和党支持者のうち進化論の支持派はわずか34%だとか

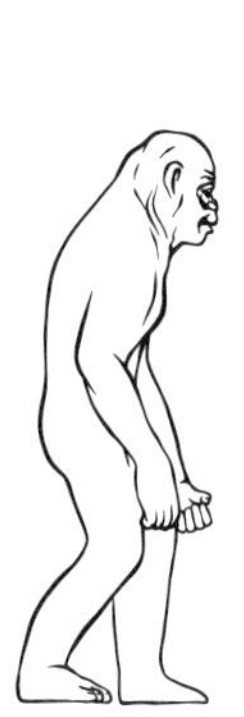
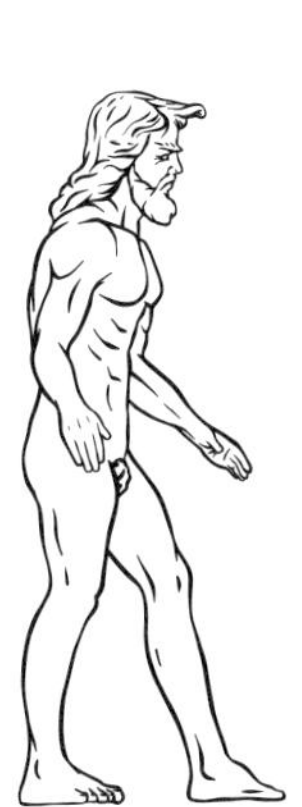

空飛ぶスパゲッティ・モンスター教の誕生のきっかけとなる評決をしたカンザス州教育委員会の入るビルディング。実に立派な建物だ

創造論は、キリスト教信者が聖書を信じ、「聖書は神の言葉であり、聖書の記述はすべて正しい。創世記に書かれている天地創造や生命の創造に関する記述も正しい。よって、宇宙も地球も地球上の生き物もすべて神によって創造された」として自然を眺める考え方である。

対してインテリジェント・デザイン論は、まず自然を積極的に観察することから出発し、生命のなかに精妙さや高度さがあることを認めて驚嘆し、そこから「こんなに精妙なことは自然に起きるはずがない。だからこそ地球上の生き物は高度な『知性あるなにか』によってデザインされたはずである」とする考え方である。

つまり、創造論とインテリジェント・デザイン論の違いは、それぞれの思考の出発点にある。だが、「生命は誰かによって設計された」という点で同じ結論に至るのだ。

ただ、ヘンダーソンは、著書『空飛ぶスパゲッティ・モンスターの福音書』のなかで、インテリジェント・デザイン論者に一定の理解を示してもいる。

「年若い生徒たちの精神により幅広い基礎を与えるために、代替理論（ここではインテリジェント・デザイン論）が教えられなければならない」「証明済みの学説がなければ、提唱されている説はどれも平等に有効だ」というインテリジェント・デザイン論者の主張に対し、「説得力があり、じつに筋の通ったものである」としているのだ。

もちろん、その考えは、進化論、インテリジェ

ルネサンス期の画家、ミケランジェロによるシスティーナ礼拝堂の天井に描かれた作品「アダムの創造」。最初の人類、アダムに神が生命を吹き込む様子を描いているとされる

ント・デザイン論のみならず、自身の提唱する空飛ぶスパゲッティ・モンスター教の教義にも及ぶものだ。そこで、ヘンダーソンは、インテリジェント・デザイン論を公教育に組み込もうとするカンザス州教育委員会に対し、公開質問状のなかで「学校で進化論と並行してインテリジェント・デザイン論を教えなければ不公平になるのであれば、空飛ぶスパゲッティ・モンスターが人間や宇宙を創ったという説も教えないと不公平になるのではないか」と提案したのだ。

著書のなかでは、重力――すなわち質量を持つ粒子の間に働く引き寄せ合う力をめぐる議論を例に挙げている。重力については、わたしたちは多くのことを知っている。しかし、なぜ粒子同士が互いに引き寄せ合うのかという原因について完全に証明した理論は存在しないというのが事実である。

そうであるなら、現在の重力理論はあくまでも仮説に過ぎないものだ。にもかかわらず、「そんな仮説に過ぎないものを生徒たちに教えるのは無責任」であり、「重力理論を取り上げる必要があるとすれば、提唱されている説のすべてに公平に時間を与えるのが筋である」と述べている。

それだけにとどまらず、ヘンダーソンは「正式に、空飛ぶスパゲッティ・モンスターが、この奇妙で誤解されやすい力（重力）の原因であるという説を唱える」とまで述べている。

ヘンダーソンによれば、空飛ぶスパゲッティ・モンスターは目に見えず現代の機器では探知できないのだという。そのため、重力が発生する原因が、「空飛ぶスパゲッティ・モンスターがそのヌードル触手でわたしたちを押さえつけている」ことにあるという荒唐無稽にも思える主張をしたとしても、それに対する確実な反証がされない限りは、それもあり得るということになる。

また、空飛ぶスパゲッティ・モンスターが重力を生んでいるということについては、はっきりと「証拠」を挙げている。2000年前の男性の平

均身長は約160センチであった。一方で現代の男性の平均身長は約178センチである。

なぜこれほどまでに平均身長が伸びたかということについては、一般的には食事の改善によって以前より多くの栄養を摂取できるようになったからだと考えられているだろう。しかし、ヘンダーソンは「ヌードル触手で人間を押さえつけている」という「スパモン重力理論」に照らし合わせ、2000年前と比べると地球上の人口が大きく増えたために、必要なヌードル触手が足りなくなって地面へと押しつけられることが減ったために、結果的に人類の身長は伸びたとしている。

加えて、「反対に、突然世界規模の疫病が発生すれば、平均身長が低くなることも予測できる」ともしている。健康危機によって人口が減少傾向にある地域に住む人間は身長が低くなることは歴史的記録からもはっきり証明されており、「この理論（スパモン重力理論）が正しいことの強力な証拠である」と述べているのだ。

もちろん、これらの説明に納得する人はほとんどいないだろう。ヘンダーソン自身も、「スパモン重力理論が絶対に正しいとは決していわない」「たしかにこの理論を支持する実証的な証拠はない」と述べている。

しかし、その一方で、「ニュートン学説として知られる現在教えられている重力理論が事実であることが証明されるまで、代替理論（スパモン重力理論）も教えられるべきである」とし、インテリジェント・デザイン論者に対しては、「代替理論をカリキュラムに含めさせるためには、観察と反復が可能な証拠は必要ないだけでなく、従来の理論のあら探しをすれば十分であるらしい」と述べている。つまり、「自らの理論の正しさを証明するのではなく、現在の理論が正しいという証明ができないのであれば自らの理論も公教育に組み込むべきだ」というインテリジェント・デザイン論者の姿勢を強烈に皮肉ったのだ。

ヘンダーソンは、学校で進化論と並行してインテリジェント・デザイン論を教えるなら、空飛ぶスパゲッティ・モンスターが人間や宇宙を創ったという説も教えないとおかしいと提言

進化とはなにか？　人類の祖先はチンパンジーではなく海賊？

そもそも進化とはなにか？ヘンダーソンの進化論者に対する反論

ボビー・ヘンダーソンが著書のなかで非難したのは、インテリジェント・デザイン論者ばかりではない。ヘンダーソンは、進化論者に対しても反論している。

進化論については、現代では生物学のあらゆる分野から証拠が提出されていると見る向きもあるが、いまだ確たる証拠がない仮説だという主張もある。ヘンダーソンは、進化論はまさに「単なる仮説である」とし、進化論の論破を図っている。ここでその一端を紹介する。

まずヘンダーソンが取り上げたのは、「そもそも進化とはなにか」という点である。一般的には「生き物の形質が長い時間をかけて徐々に変化していく現象」のことを指すが、そんなことならごく身近なところでも起こっているという。ヘンダーソンが例に挙げたのは自身の祖父だ。「祖父は若い頃にはかなりの男前だった」が、いまは「長年の大酒と鉱山労働のせいで頭はつるっぱげ、ご面相はゲロ」であり、確実に変化している。進化が「生き物の形質が長い時間をかけて徐々に変化していく現象」であるなら、「わたしの祖父は、それ（進化）を経験している」という。

もちろん、これはヘンダーソンなりのジョークであり、こういったジョークを通じて進化論者の主張にある穴を指摘しようとしているのだ。そして、この「進化とはなにか」ということに対する

進化論の説明でたびたび例に挙げられるのが「キリンの首はなぜ長い?」という話。誕生した首の長い変異種は、高い枝の葉を食べることができるため、より栄養を取ることができ、結果、子どもを作る／産む能力にも長け、長い首を持った個体が増えていったとされる

指摘は、まだまだジャブに過ぎない。

続いてヘンダーソンが反論の対象としたのは、「自然選択説」だ。自然選択説とは、「生き物に無目的に起きる変異（突然変異）を厳しい自然環境が選別し、進化に方向性を与える」という理論のこと。ヘンダーソンの表現を借りれば、「環境によりよく適応した遺伝子を持つ個体は、適応できない遺伝子を持つものより多くの子孫を残し」、そのような「適応性の高い形質は増殖し、集団全体の遺伝子の構成を変化させる」となり、日本では「時間の流れで自然と淘汰されていく」という意味の「自然淘汰」という呼称で知られている。

有名な例には「キリンの首」がある。高いところにある葉を食べるために有利だったからこそ長い首を持った個体が生き残り、結果的にキリンの首は長くなったと説明される。

そして、この自然選択説こそが、進化論の根幹をなす理論である。つまり、ヘンダーソンはまさに進化論の核心に斬りかかったのだ。

ヘンダーソンが取り上げたのは、カモノハシだ。カモノハシというと、哺乳類でありながら他の哺乳類には見られないいくつもの珍しい特徴を備えた種として知られている。「哺乳類では地球上で唯一くちばしを持つ」というのも、そのひとつだ。

たしかに、カモノハシのくちばしには鋭敏な神経が通っていて獲物の生体電流を感知することで捕食に役立っているという特性もある。しかし、それならば他の哺乳類もくちばしを備えるようになったとしてもおかしくないにもかかわらず実際にはそうではないし、ヘンダーソンの「いったいなんだってくちばしなんかついているんだ？」という言葉にも、「たしかに」とうなずける面もある。

ヘンダーソンは、カモノハシについての進化論に代替理論を示している。いわく、「空飛ぶスパゲッティ・モンスターがカモノハシを創造した」のであり、なぜなら、空飛ぶスパゲッティ・モンスターは「科学者などとは違い、ユーモアのセン

哺乳類に属しながら卵を産むというオーストラリア東部に棲息するカモノハシ。大きな特徴であるくちばしは、神経が通っていて、生き物の生体電流を感知することができる

スがあるから」だという。

もちろん、この主張を全面的に受け入れる人はそう多くはないだろう。しかし、（ヘンダーソンの主張によれば）進化論が現段階ではあくまでも仮説であるのと同様に、空飛ぶスパゲッティ・モンスターがカモノハシを創造したということについても「間違っていることを誰かが証明するまで、これがわたしの説である」というヘンダーソンの主張はもっともなものである。

また、自然選択説を論破するために、ヘンダーソンはバクテリアと抗生物質の例も挙げている。バクテリアによって起こるさまざまな病気を治すために抗生物質が用いられることはよく知られている。そして、ほとんどのバクテリアはやがて抗生物質に耐性を持つようになることも同様に知られている。

代表的な抗生物質のひとつであるペニシリン。実際にペニシリンに対する耐性を持ったバクテリアが出現してペニシリンは徐々に効かなくなったために、１９６０年代には医療上の大きな問題となった。

この現象を進化論に照らせば、自然選択のプロセスがこうした耐性を持つバクテリアを繁殖させたということになる。しかし、ヘンダーソンは「これはまったくの嘘」と主張する。

ヘンダーソンは、「それら（バクテリア等）は遺伝子構造を変えているのではなく、その意識を変えている」のであり、「要するに利口になっている」のだという。

その根拠として、ヘンダーソンはいかにも彼らしいユーモアを交えてこう語っている。「わたしがあなたの家で2日続けてウンコサンドイッチを出されたとしたら、3日目にはわたしはマクドナルドで昼食を食べる。じつに簡単なことだ」と。

たしかに、自分にとって不快で危険な環境に身を置くことになれば、その当事者はその環境から抜け出すことを考えるか、あるいはその環境に耐えられるように自分自身を変えていくことを考え

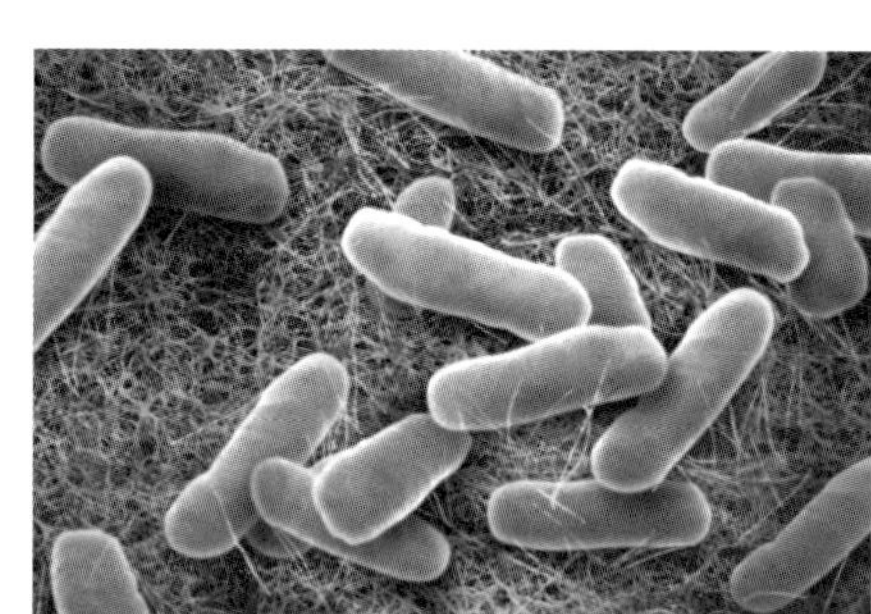

バクテリアの変化に対して自然選択ではなく「意識を変えている」とヘンダーソンは主張

るだろう。その当事者であるバクテリアに意識があるのであれば、だが。

とはいえ、果たして「バクテリアには意識がない」といい切れるだろうか。そのことを証明できるまでは、やはりヘンダーソンの主張を否定することはできない。

そして、ヘンダーソンの主張は人類の進化に及ぶ。人類の進化については、「人類とチンパンジーには500万年ほど前に共通の祖先があり、その共通の祖先から分岐した」というのが進化論においては通説である。そして、その裏づけとして、「ヒトのDNAの95％がチンパンジーと共通である」ことを進化論者は挙げている。

しかし、ヘンダーソンの主張は大きく異なる。空飛ぶスパゲッティ・モンスター教においては「海賊」が「選ばれし民」であり、そして「人類の祖先」とされる。なぜなら、「わたしたちのDNAの99・9％は海賊と共通している」からだ。

そして、ヘンダーソンは問いかける。「さあ、共通の祖先である可能性が高いのはどっちだろう?」と。皆さんはどう答えるだろうか。

ここまで紹介してきたヘンダーソンの主張を笑い飛ばすことは簡単だ。しかし、わたしたちがあたりまえのように信じている理論は、果たして確たる証拠があるものだろうか。わたしたちは、かつての「天動説」を信じて疑わなかった人々となんら変わらないという可能性もないわけではない。

「海賊こそが人類の祖先！」と主張するヘンダーソン。その理由は95%のDNAが人間と同じとされるチンパンジーに対して、「99.9%が現代人のDNAと共通」だからだとか

空飛ぶスパゲッティ・モンスター教誕生のきっかけ

人知を超えた存在が意図的にデザイン インテリジェント・デザイン論者の主張

「インテリジェント・デザイン論」を公立学校のカリキュラムに入れ込もうとする動きに危機感を持った者たちが、続々と反対の声を上げた。その ひとつのアンチテーゼ（あるいは皮肉）として誕生したのが空飛ぶスパゲッティ・モンスター教だが、トリガーとなったインテリジェント・デザイン論とは、果たしてどのようなものなのか。もう少し詳しく見ていこう。

生物の進化を研究するうえで現在でも主流となっている学問は「進化論」である。1809年生まれのイギリスの学者、ダーウィンが世界的に広めたもので、生物は競争や時間の経過とともに自然淘汰（自然選択）され、進化を遂げて適応したものやその環境的に優れているものが生存するという理論のこと。ダーウィンが提唱した彼の進化論と、それを一冊にまとめた『種の起源』（1859年刊行）の登場によって、科学は飛躍的な進歩を遂げた。150年以上経った現在でも進化論が生物研究の柱となっていることからも、どれだけ重要であったかがわかるだろう。

しかし、この進化論に嫌悪感を露わにする者たちが少なからず存在した。旧約聖書の創世記を元として、生物や自然、宇宙に至るまで神が天地創造により生み出したとする創造論の支持者＝創造論者たちである。ダーウィンが自説を唱えるまでは、「創造論」は生物学のメインストリームにあった。

ダーウィンの進化論では、人間も猿もその他の生物も同じ祖先から進化したとしている。人間は神の創造物であり、アダムとイヴの子孫であると信じて疑わない創造論者たちにとって、自分が猿や他の生物と同じ祖先の子孫だったなどという考え方は到底受け入れられるものではなかった。

一方で、多くの学者や研究者たちはダーウィンの進化論を支持した。これまでの生物学を根底からひっくり返すような新しい学問に、強く興味を抱いたのである。以来、生物学における主流は創造論から進化論へと代わり、現在に至っている。

ここまで読んで「あれ？」と思った方もいるだろう。「目に見えない大いなる力が生物の進化に関わっている」とするインテリジェント・デザイン論と、「生物は神によって創り出された」と唱える創造論では、一体何が違うのか、と。最も大きな違いは、あらゆる事象は神の思し召しであるとする創造論に対し、インテリジェント・デザイン論では目に見えない大いなる力を神とは断定していないという点にある。大いなる存在は遠い星から飛来してきた宇宙人かもしれないし、概念すら知られていない何かかもしれないし、神であるかもしれない。そこが創造論とインテリジェント・デザイン論の最大の相違点なのである。

創造論を押しのけ、瞬く間に生物学の主流となったダーウィンの進化論であるが、大きな矛盾

進化論を受け入れられない創造論者たちは、人間は神によって創られ、アダムとイヴの子孫であることを疑わない

や無理があると指摘する者たちが現れ始める。彼らの言い分はこうだ。生物の進化というものは非常に繊細で複雑なものであり、ダーウィンの言う自然淘汰と突然変異だけで解き明かせるようなものではない。生物の進化は奇跡のような確率の偶然が積み重なったものではなく、人知を遥かに超える目には見えない大きな存在が、よりよいものにするべく意図的なデザインを施しているというのである。

生物だけではない。宇宙や地球もデザインされていると唱える者もいる。45億年にわたって太陽系の星々が互いに干渉しない配置であること、月の公転や満ち欠けの日数が安定していること、そして地球が生物の住める環境になったこと。これらもデザインされた結果だというのだ。

こういった考えに賛同する者たちの動きは、1980年代からアメリカを中心に活発化していった。その仮説が「インテリジェント・デザイン」と呼ばれるようになり、やがて定着したのである。

「生物の進化は大きな力が指向性を持っておこなっている」というインテリジェント・デザイン論はトンデモ理論に思われることが多いが、インテリジェント・デザイン論者たちは真剣に信じている。ギャラップ社はアメリカの大手調査会社で、日本経済新聞の記事内でも調査結果が採用されるなど信頼性は高い。『インテリジェント・デザイン～ID理論』（宇佐和通／学習研究社）に書かれているところでは、そのギャラップ社の世論調査が2006年に行われ、アメリカ人の約50％が「人類は過去1万年以内に神によって現在の姿に創造された」と回答したという。また、2005年のオハイオ大学の世論調査においても、天地創造説を信じているのは約54％に上った。

インテリジェント・デザイン論者たちは信仰、あるいは願望によって進化論に反対していると思うかもしれないが、そうとは言い切れない。インテリジェント・デザイン論者たちはダーウィンの進化論にあくまでも科学的な反論をすることで、自分たちの説の正しさを訴えているからだ。

再び『インテリジェント・デザイン ～ＩＤ理論』から具体例を示そう。ダーウィンは進化論を証明するモデルとして、４枚羽のミバエを挙げている。通常のミバエには2枚の羽と、飛行中にバランスを取るための小さな羽状の器官がある。1970年代に入り、突然に羽状の器官が発達。本当の羽とまったく同じ形になるという事例が見つかったという。しかし、突然発達した羽状の器官は進化によって出来上がったものではない。また、筋肉もないので動かせず飛ぶのに役立つことはない。そのことから「４枚羽のミバエは進化論を裏づける証拠とはなりえない」とし、続けて「自然淘汰および無作為変種の物証が見つからない以上、インテリジェント・デザインは可能性のひとつとして考えるべきである」と、著されている。生物の進化にはイレギュラーがあり、進化論ではカバーしきれないことがある。他方、インテリジェント・デザイン論の「人知を超えた存在」を科学的に証明することは困難を極める。「人知を超えた存在が世界や生物をデザインしたという説が認められるのであれば、スパゲッティ・モンスターが世界を創造したという説も認められるべきだ」というのが、ヘンダーソンの言い分である。

この論陣を突破するのは、実はかなり難しい。インテリジェント・デザイン論の核となるのは「見えざる大きな力が創造や進化をデザインしたのは間違いない」という理論であるが、「大いなる存在が何か」については「わからない」としている。であれば、世界や生物の進化をよりよい方向に導いてきた存在の正体が、実は宇宙人でも神でもなく、空を飛ぶスパゲッティ・モンスターである可能性も決して否定することはできない。なんとも皮肉な話だ。創造論、インテリジェント・デザイン論、そしてスパゲッティ・モンスター教。三者の議論は今後も平行線を辿るだろう。

インテリジェント・デザイン論は「科学理論」とは言えない

科学に必要なピア・レビュー ヘンダーソンの姿勢こそもっとも科学的？

ヘンダーソンの主張は、基本的にインテリジェント・デザイン論者に対して批判的だ。

インテリジェント・デザイン論者は教育担当の役人や政治家を標的に、「自分たちの見解を全米の生徒たちに『科学』として教えさせるという露骨な試みを行って」おり、「科学界の99％が進化論を支持し、その過程ではっきりとインテリジェント・デザイン論を否認しているので、インテリジェント・デザイン論推進派は、自分たちの考えが社会に直接届けられるべきだと主張している」ものの、「これは通常の科学的方法とまったく対照的である」と、当時のインテリジェント・デザイン論者たちの姿勢に対し述べている。

というのも、通常、研究者は論文を同じ分野の科学者の審査を受けるために提出することを要求されるからだ。これは「ピア（peer：同僚・仲間の意）・レビュー」として知られるプロセスであり、それには、明らかに間違った学説を排除することで科学の純粋性を保ち、論争が起きるリスクを減らす働きがあるとされる。科学に必要なそのプロセスを経ていないために、インテリジェント・デザイン論者たちは自説を「科学理論」とすることはできないというわけだ。

ところが、かといってヘンダーソンは進化論者に賛同しているわけでもない。ピア・レビューに対して、「うまい考えのように思えるが、自分の

ヘンダーソンは、著書で「身の回りの出来事を支配する自然的な力——魔法、と呼んでもいいだろう——が作用していないなどと、誰が言えるだろう?」と疑問を投げかけ、コロンブスがアメリカ大陸を発見したのも、自然界の法則を超えた超自然的な力を積極的に受け入れたからと主張する

同僚に意見を求めるのは間違ったやり方ではないだろうか？」というのだ。ピア・レビューは「女性が恋人に『このブラウス着ると太って見えるかしら？』と聞くようなもの」であり、その「答えははっきりと『いいや、よく似合うよ』である」とし、閉鎖的なピア・レビューは、「科学者とその親しい仲間たちの限られた視点を強化するために不当に硬直している」と批判している。

そして、ヘンダーソンは、インテリジェント・デザイン論者たちに対してある程度の理解を示してもいる。というのも、先のピア・レビューについての意見からも見えることだが、「もし科学者に好き勝手をさせておいたら、現在のインテリジェント・デザイン論についての議論はまったくなかっただろう」からだ。

そればかりか、自分たちの考えと異なる考えを排除する進化論者の姿勢に、「セーラム魔女裁判（１６９２年にマサチューセッツ州ではじまり２００名以上が魔女として告発された）に逆戻り」していただろうとまで述べている。

その点において、インテリジェント・デザイン論を公教育に組み込もうとするカンザス州の教育委員たちに対し、「魔女の勇気を持って、彼らはあえて科学の再定義に乗り出した」と評価しているのだ。

しかし、ヘンダーソンの目には、インテリジェント・デザイン論者の主張の穴も見えている。インテリジェント・デザイン論者は、自分たちの考えを「本質的に宗教ではなく、あくまで進化論に代わる科学理論である」としている。ところが、指導的立場にあるインテリジェント・デザイン論者のじつに95%が福音派キリスト教徒（原理主義をとる超保守的なキリスト教の一派）なのだという。彼らの主張の背景には明らかにキリスト教があるというわけだ。

さらに、インテリジェント・デザイン論には「明らかに創造者が存在しなければならないが、その創造者が誰かということについて、支持者は

インテリジェント・デザインの主張に対して、中世ヨーロッパでキリスト教による異端排除のために行われた魔女裁判を引き合いに出すヘンダーソン

昨今、まったく見なくなった魔女は、「世の中の魔女をすべて一網打尽にして始末してしまった」か、もしくは、「どこかに隠れていて耐火性の物質を身体に塗り付けて復讐をたくらんでいるとも考えられる」とヘンダーソン

口を閉ざしている」と非難している。

インテリジェント・デザイン論とは、「生き物や宇宙の構造の複雑さや緻密さを根拠に、『知性あるなにか（創造者）』によって生命や宇宙の精妙なシステムが設計されたとする理論」だ。しかし、インテリジェント・デザイン論者は、「知性あるなにか」の正体を明らかにしていない。それはその正体を「神」とせずにぼやかすことで宗教色を抑え、インテリジェント・デザイン論が「科学理論」だと主張するためである。

ここに大きな落とし穴がある。科学とは、なんらかの検証可能な仮説を立て、観察や実験などを通じてその仮説が正しいことを証明するプロセスが不可欠のものである。ところが、インテリジェント・デザイン論者たちは「知性あるなにか」を明言していないために、そもそも科学に不可欠の仮説すら提示できておらず、インテリジェント・デザイン論が科学理論だとは認められないというのがヘンダーソンの主張だ。

ヘンダーソンは、インテリジェント・デザイン論者が「知性あるなにか」の正体を言わないのなら、それは「キリスト教の神ではないと断定した」という。もっともなロジックだ。そして、このようなインテリジェント・デザイン論をめぐる論争の陰にいるものこそ、「間違いなく、空飛ぶスパゲッティ・モンスターである」と主張する。

ヘンダーソンは、「知性あるなにか」を「神」だと明言しないインテリジェント・デザイン論者たちの姿勢を、空飛ぶスパゲッティ・モンスター以外の「誰が、このような信心深い人たちばかりのグループを動かして、非キリスト教的・非宗教的なインテリジェント・デザイン理論に賛成させることができるだろう」と、皮肉を込めて非難している。

そして、インテリジェント・デザイン論をめぐる論争を引き起こしているのは、空飛ぶスパゲッティ・モンスターであり、その根拠として、「スパモンはまさしくこの手のふざけた介入をするこ

「我々の世界はスパゲッティ・モンスターに似せて創造され、あらゆるものにヌードル性が見られる」とヘンダーソン。「DNAはフジッリ（らせん状になったパスタ）に驚くほど似ている」と主張するが……確かに似ている！

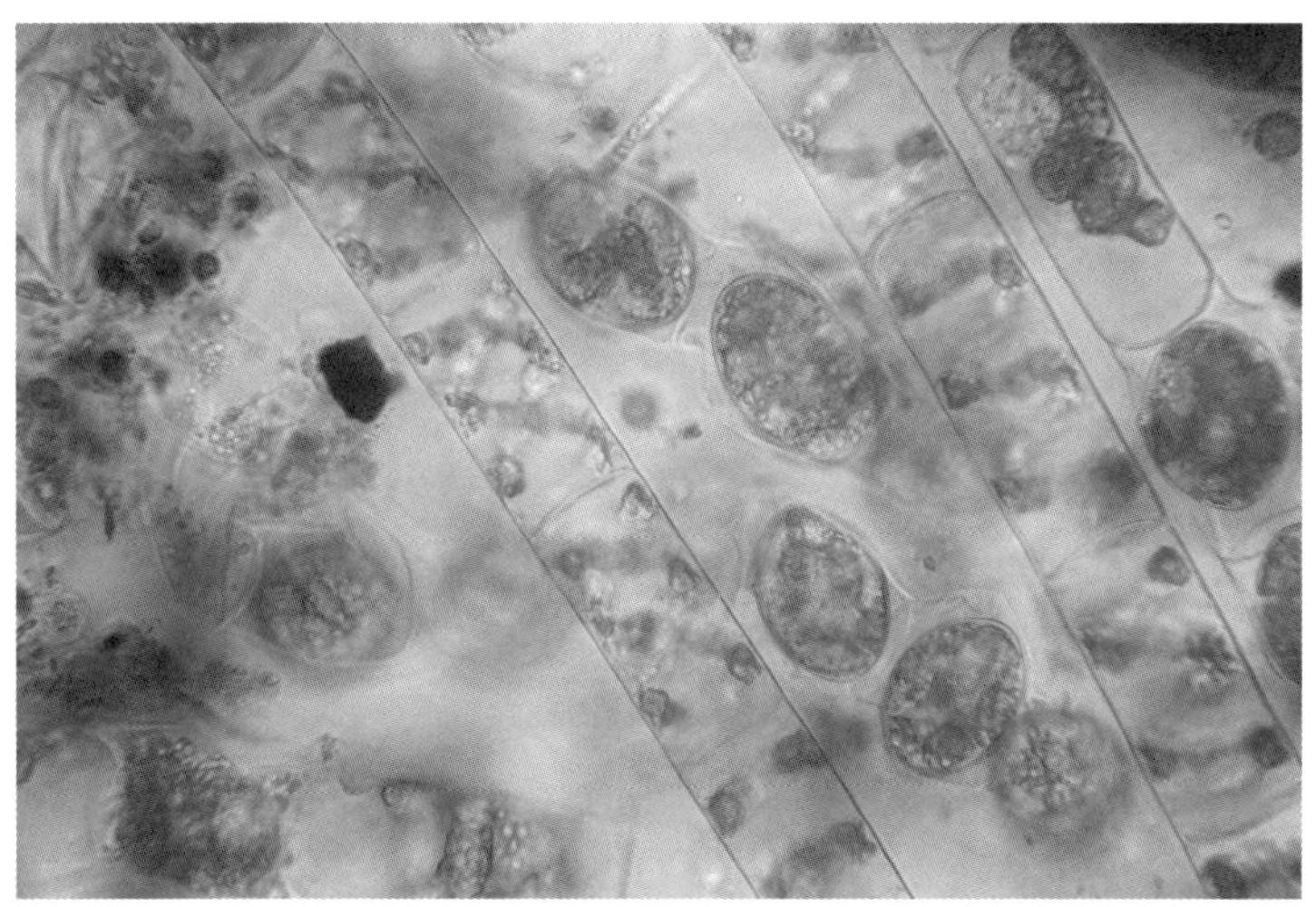

スパゲッティ・モンスターに似ているとアオミドロを例に挙げるヘンダーソン。ちなみにアオミドロは陸上植物の祖先に最も近いとされている淡水藻類だ

「大学のキャンパスには大量のラーメンと乾燥パスタがあるので、学生たちは、安く栄養を摂ることができ、たくさんビールが飲める」のもスパゲッティ・モンスターの影響を示しているとか!?

とでよく知られている」という点を挙げる。ヘンダーソンは、スパゲッティ・モンスターにはユーモアがあると著書のなかでたびたび主張している。

いずれにせよ、ヘンダーソンは、進化論者、インテリジェント・デザイン論者のどちらかに寄った考えを示しているわけではない。彼ら彼女らの主張や姿勢を客観的に眺め、そこにある、多くの人が見落としがちな穴を、空飛ぶスパゲッティ・モンスターを絡めてジョークを交えつつ指摘しているに過ぎないのだ。

しかし、よく考えてみると、もしかしたらそれこそがもっとも科学的なものの見方や思考法ともいえるだろう。わたしたちは、ある事柄に対して、自分でも思ってもいないうちに「これはこういうことに違いない」という先入観に基づいた思考に縛られがちだ。しかし、それでは客観的な真実にたどり着く可能性は大きく低下してしまうだろう。オレゴン州立大学で物理学を学んだ経験が、ここに生きているのかもしれない。

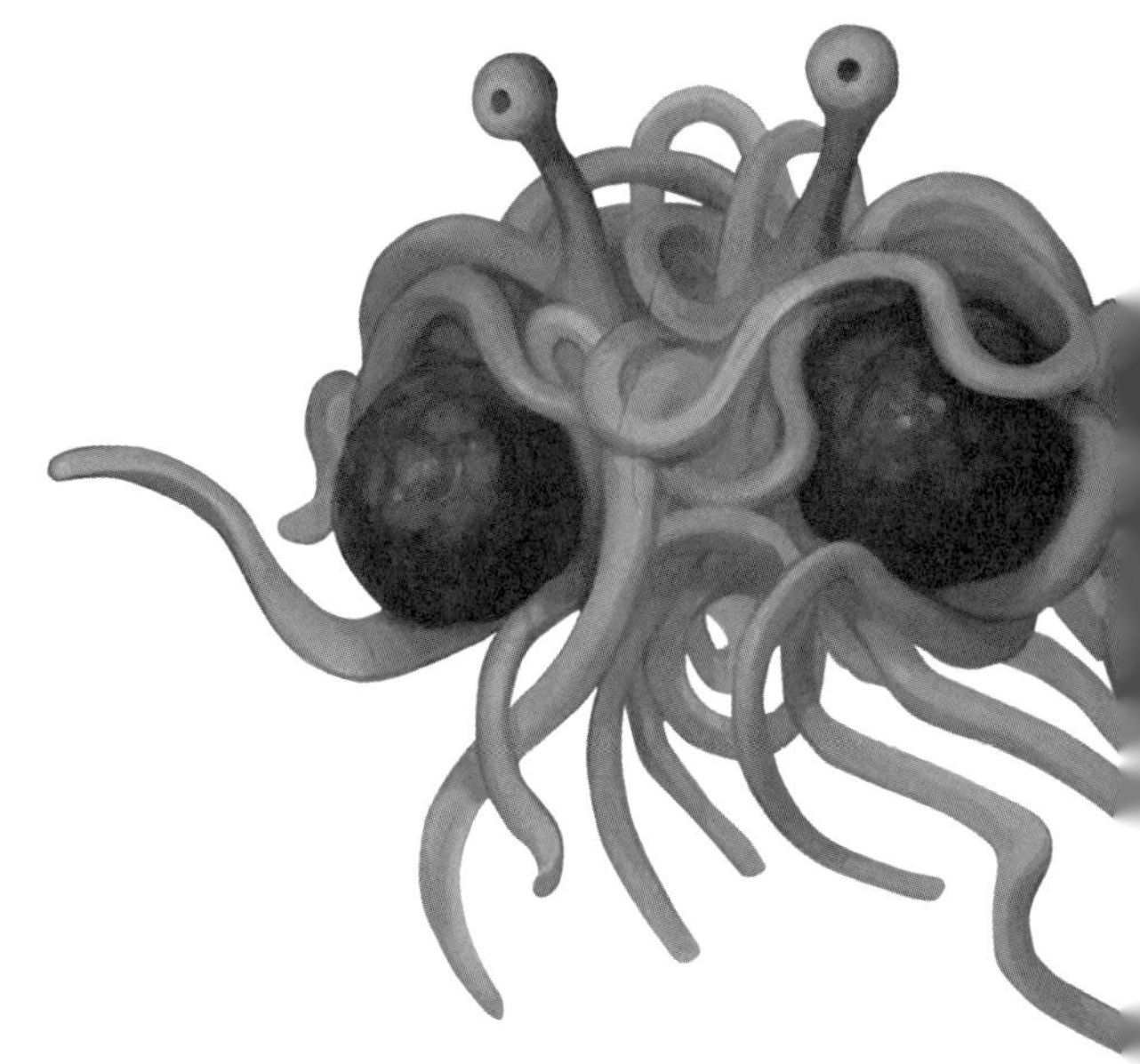

第 2 章

CHURCH OF THE FLYING SPAGHETTI MONSTER

空飛ぶ
スパゲッティ・モンスター教
の教え

光、ビールの吹き出す火山、スキャンティー姿の女性の製造工場も⁉

スパモンの天地創造の物語の源泉となる『ヌードル聖書』

空飛ぶスパゲッティ・モンスター教には、聖典とされる『ヌードル聖書』なるものがある。その内容は、キリスト教の旧約聖書に見られる天地創造の物語を意識したものだ。キリスト教創世記の天地創造では、7日間（7日目は休み）で天地は創られるが、空飛ぶスパゲッティ・モンスター教では5日。聖書の冒頭は「1日目：光」に対し、「空飛ぶスパゲッティ・モンスターは『光あれ』と言われた」という言葉から始まる。2日目には、ビールが吹き出す火山、陸、大空を創り、3日目には、スパモンは二日酔い気味で「地に青草、セモリナ、米、ヌードル触手に似た食べ物を生えさせよ」と命令したという。

まずは光と闇をつくり出した

「空飛ぶスパゲッティ・モンスターは『光あれ』と言われた。（略）スパモンは光と闇を分けて光を昼と名付け、闇を夜、もしくは『ゴールデンタイム』と名付けた」（「」内はヌードル聖書より抜粋）。ここまではキリスト教の創成期に似ている。

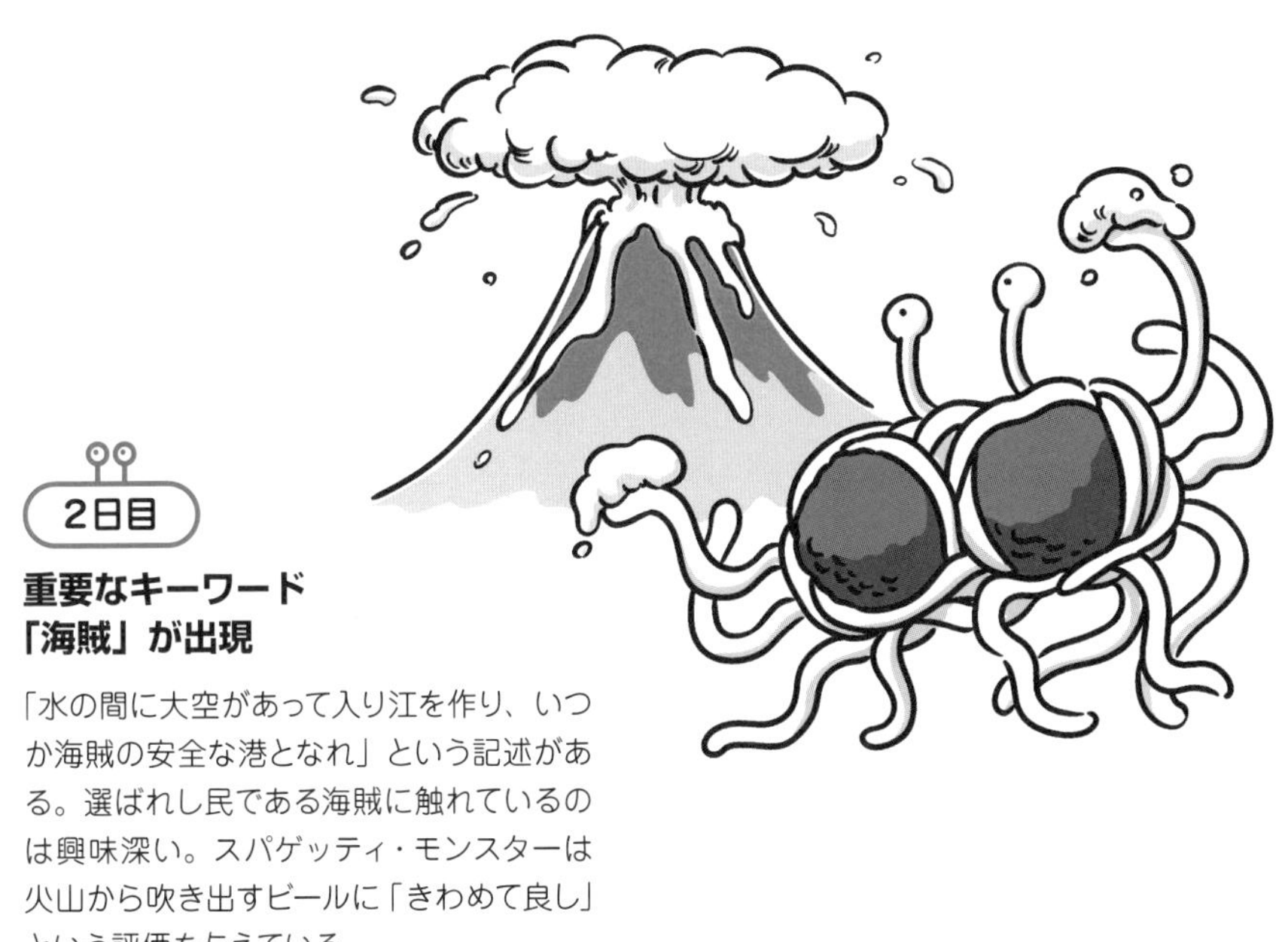

2日目

重要なキーワード「海賊」が出現

「水の間に大空があって入り江を作り、いつか海賊の安全な港となれ」という記述がある。選ばれし民である海賊に触れているのは興味深い。スパゲッティ・モンスターは火山から吹き出すビールに「きわめて良し」という評価を与えている。

3日目

二日酔いの天地創造の神

3日目のスパゲッティ・モンスターは記述によると前日にビールを飲んで完全に二日酔いであった。「二日酔い気味でインド洋のどこかにいたスパモンは、前の日に何を想像したか少々混乱されていた」。それでも地と天を創造し、草木を生えさせた。

4日目

太陽、月、星を創る

４日目ともなるとスパゲッティ・モンスターもお疲れ。だが、この日は偉大なモノを創った。「天の大空に光あれ、二つの光るものあれ。大きい光は昼をつかさどり、小さい光は夜をつかさどれ」。スパゲッティ・モンスターは太陽、月、星を創造した。

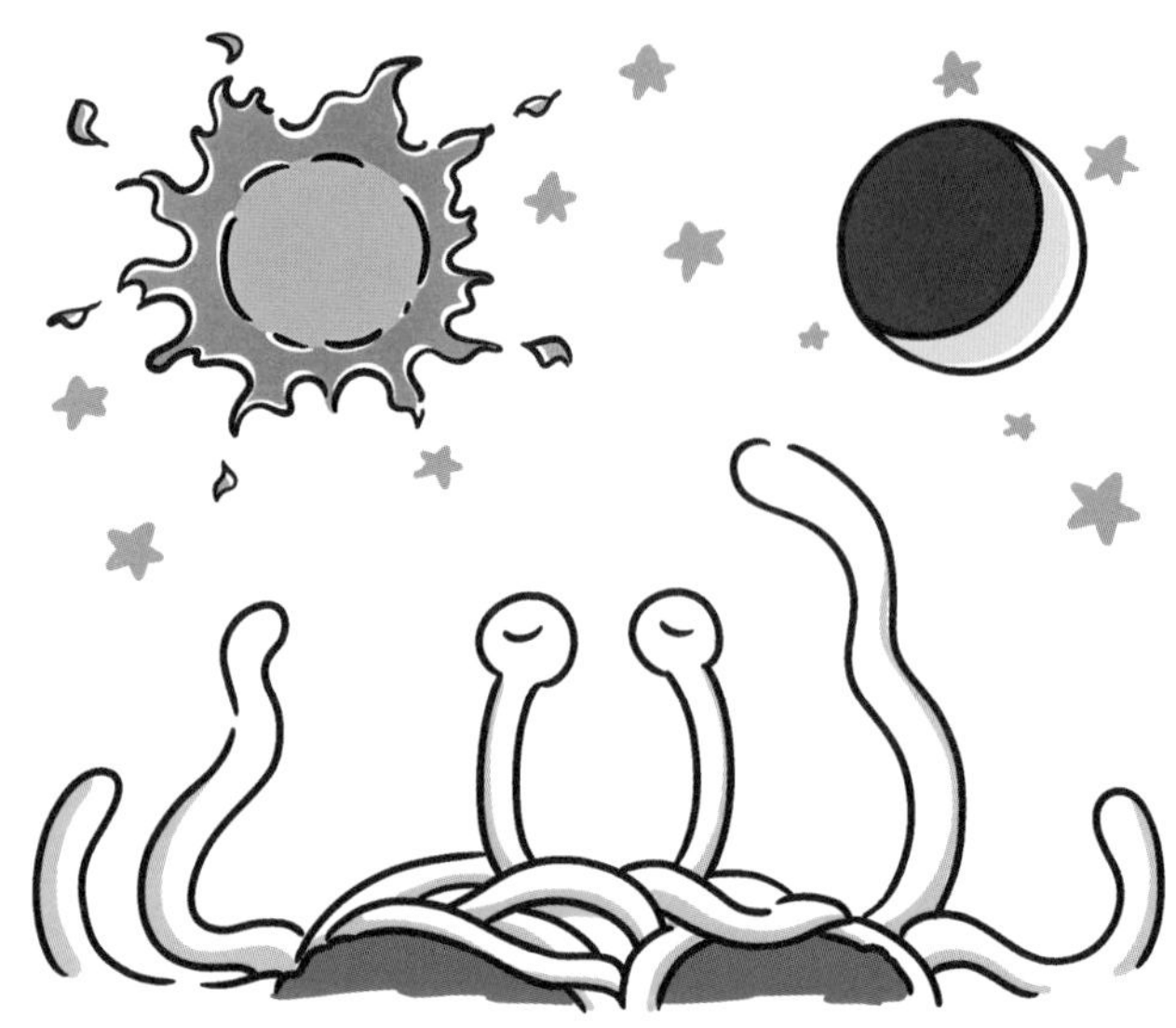

5日目

いよいよ人類が創られた

最終日の記述を見てみよう。「天にはスキャンティを身にまとい透明のハイヒールを履いた女性を製造する工場を、地には小人を作り出されたのだ」。この小人こそが人類である。そして毎週金曜日は祝日と設定された。

まるでアダムとイヴの物語⁉　禁断の実はオリーブの種

「エデンのオリーブの園」

（ヌードル聖書より）

『ヌードル聖書』には、他にも物語がある。そのひとつ「エデンのオリーブの園」のあらすじを紹介しよう。小人＝人間は、うるさく、スパゲッティ・モンスターは苦情にすべて対応できなかった。そこで「セモリナや米でパスタを作り、静かに穏やかにしなさい。オリーブの木には気をつけなさい。種は固く歯を折ったりするかもしれない。だから悪と考えるべきだ」と命じる。このオリーブの種が、本家の聖書の「禁断の知恵の実」に当たるのだろう。小人の男はオリーブの種で歯を折ってしまう。さらに女（イヴを想定？）と出会い、いちじくの葉で裸体を隠すエピソードも挿入される。そして、男はスパゲッティ・モンスターに「スティックパンはない」とウソをつく。

スパモンがパスタの湯切りをすると、そこにはノアの箱舟が

「洪水」

（ヌードル聖書より）

「洪水」の章は「ノアの箱舟」を下敷きにしているようだ。

前述の「エデンのオリーブの園」で人間にウソをつかれたスパゲッティ・モンスターは「人は邪で、人の思考は胃袋に支配されている」ことに気づく。スパゲッティ・モンスターは、そこで自らパスタを作った。その湯切りをしたお湯は排水口に流れる。

ノアとその息子、息子の妻などの大家族は、「ノアの水上大動物園」を造っている最中だった。そのとき、天の排水口が開けて、雨は四十日四十夜、地に降り注いだ。海賊との戦いが、何度があったが、箱舟はアララト山（トルコに実在する山でノアの箱舟はここに埋まっているとされる）にたどり着いた。

豚肉の切れ端の揚げものが天にまで届く塔になる

「スクラップルの塔」

（ヌードル聖書より）

「スクラップルの塔」は「バベルの塔」の暗喩であろう。スクラップルとは、本来は豚肉の切れ端をトウモロコシの粉とまぜ揚げた料理だ。ノアの息子たちは各地に散り、小さな食堂を始めた。ハムは南の国でハム族の祖、チーズは中央の国でチーズ族の祖、オムルは北の国でオムル族の祖となった。ハムは残り物でスクラップルを作り、ニムロドの手を借りて売ろうとしたが、売れずにスクラップルは積み上げられ、塔になっていった。スパゲッティ・モンスターはそれを見て「天まで臭っている。何のつもりなんだ？」と聞くと、ニムロドは「あなたへの捧げ物」と答えた。「取り壊せ」とスパモンに命じられたニムロドは従うが、腐ったスクラップルのせいで頭がおかしくなる。

「モージー」（ヌードル聖書より）

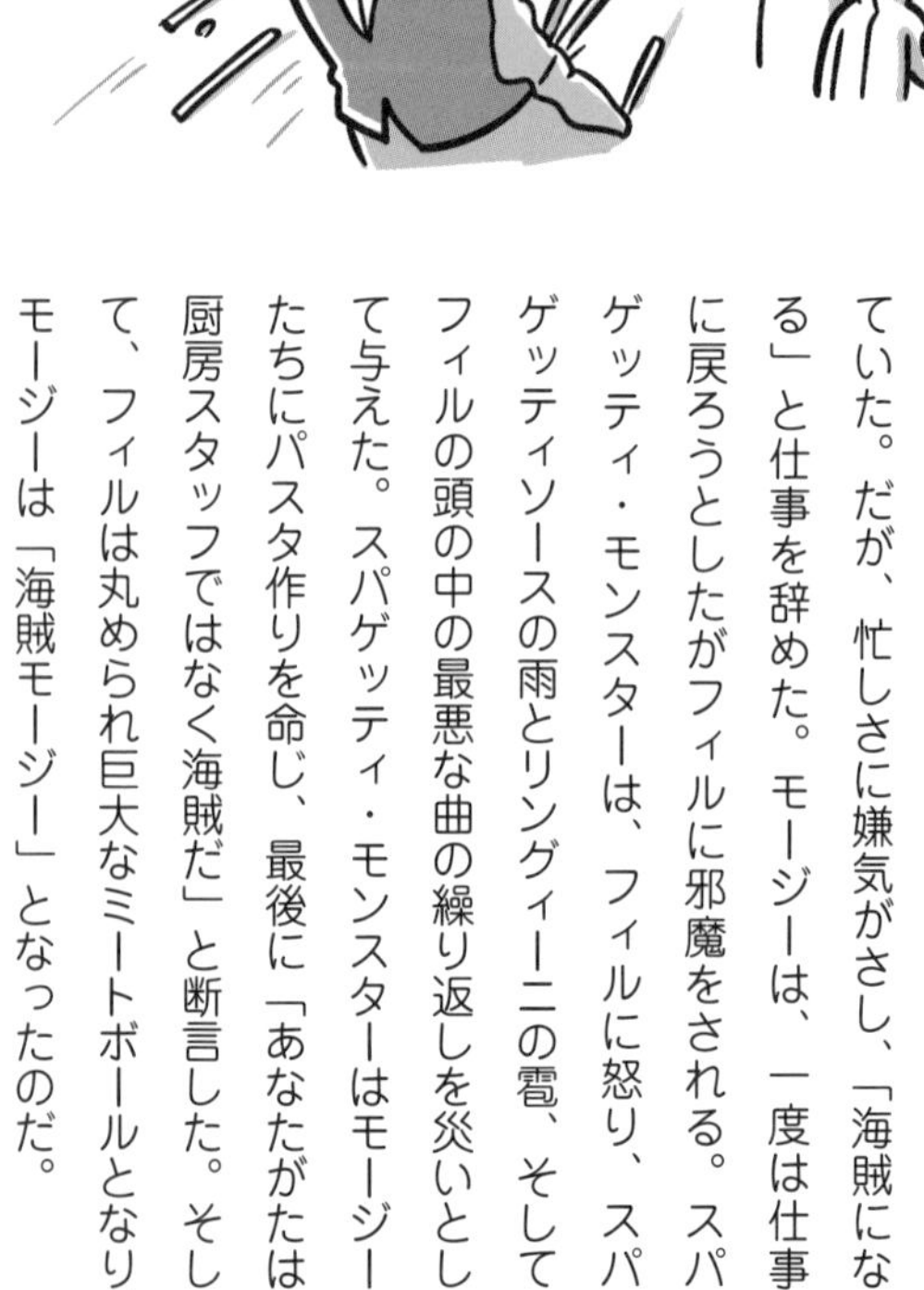

「モージー」は料理人から海賊になった男の物語。モージーは聖書のモーゼを意識している。

料理人見習いのモージーは、フィルの元で働いていた。だが、忙しさに嫌気がさし、「海賊になる」と仕事を辞めた。モージーは、一度は仕事に戻ろうとしたがフィルに邪魔をされる。スパゲッティ・モンスターは、フィルに怒り、スパゲッティソースの雨とリングィーニの雹、そしてフィルの頭の中の最悪な曲の繰り返しを災いとして与えた。スパゲッティ・モンスターはモージーたちにパスタ作りを命じ、最後に「あなたがたは厨房スタッフではなく海賊だ」と断言した。そして、フィルは丸められ巨大なミートボールとなり、モージーは「海賊モージー」となったのだ。

平等主義でありながらもコンドームに言及する

8つの「本当に止めてほしいこと」

前項にも出てきたモージーは、海賊だと宣言する。スパゲッティ・モンスターは「海賊は山ではなく、大海原にいる」と助言したが、モージーは山から下りなかった。そしてスパゲッティ・モンスターは海のありかをモージーに教え、10枚の石の板（モージーは戒律「十戒」と呼んだ）を与えた。しかし、モージーは山を下りる途中で2枚を落とした。残った8枚が、8つの「本当に止めてほしいこと」という戒律「八戒」になった。

①ヌードル神を語るときに聖人ぶった独善的な野郎のような振る舞いをすること。

②わたしの存在を抑圧、隷属、処罰、内臓の抜き取り、その他とにかく他人に辛く当たる手段とすること。

③人を外見や着ているものや話し方で判断すること。

④あなた自身や、自発的に同意したあなたのパートナー（成人し、精神的に成熟した）を傷つけるような行為にふけること。

⑤他人の偏狭であったり、女性嫌悪的であったり、人種的偏見に満ちた考えに空腹で意義を唱えること。

⑥ヌードル神のために大金をかけて教会／寺院／モスク／神殿を立てること。

⑦わたしがあなたに話しかけたと触れ回ること。

⑧コンドームをつけないこと。

以上の8つの事柄なのだが、意外に常識的なことも多いのでは!?

1 信じなくてもOK わたしは うぬぼれていない

「もしわたし（スパゲッティ・モンスター）を信じないものがあってもそれは、構わない」と続いている。独善的で妄信的になりがちな他宗教の信者たちを戒めているのかもしれない。

2 スパモンを 他人に辛く当たる 手段にしてはならない

「わたしは犠牲を求めない。みそぎは人ではなく、水を飲むこと」ともある。みそぎとは、罪やけがれを落とし、キレイにすること。この宗教では、人を支配してはならない。

3 外見や性別で差別されることがない宗教

「女＝人間、男＝人間。どっちも同じ」とも書かれており、性別によって扱いを変えない考えを持っていることがわかる。

4 テレビばかり見て部屋に引きこもっているのはNGだ

自分自身やパートナーを傷つけることを禁じる。その上「たまにはテレビを消して気晴らしに散歩にでも行きなさいと言っておく」。なんとも平和な戒律だ。

5 「腹が減っては戦ができぬ」を地でいくスパモン

女性差別、人種差別を否定しながらも、一番戒めたいことは、「空腹で異議を唱えること」。たしかに、腹が空いたままだと、議論してもケンカになることがある。

6 通話料に言及する全知全能の神はスパゲッティ・モンスターだけ

スパゲッティ・モンスターが勧める金の使い道はこの３つ。「貧困をなくす」「病気を治療する」「平和に生きて、燃えるように愛して、通話料を値下げする」。たしかに宗教施設より有意義だ。

7 スパモンの素晴らしさは自分の胸の中にしまっておく

「わたしはあなたにそれほど興味があるわけではない」という突き放し方も他の宗教には見られない。「同胞を愛せ」はパロディ元であるキリスト教の教えにもある。

8 スパモンは、大人のジョークを理解する趣味人

「ナニの時に気持ち良くさせたくなかったら、わたしはトゲトゲか何かをつけておいたよ」とは完全にエッチに対するジョーク。全知全能の神だけあって人間の営みも理解している。

恐竜と一緒に生き、海賊はノアの箱舟と戦い、現在では絶滅寸前

空飛ぶスパゲッティ・モンスター教における世界の歴史

空飛ぶスパゲッティ・モンスター教の福音書には、彼らの世界史の概説が掲載されている。ここではその世界観を見ていこう。

「空飛ぶスパゲッティ・モンスターは、宇宙と地球を含め惑星群を5000年前に創造した。（略）その後、スパモンはわざわざ宇宙が古く見えるように細工をした」

なんとわずか5000年前に宇宙は創られていて、現在、科学者が宇宙に関する発見をすることは、スパゲッティ・モンスターが準備していたと主張する。例えば「宇宙が数十億年の古さであるように見せるためそれぞれの光子は神の手で適当な場所に置かれ、赤方偏移させられたことをわたしたちは知っている」と、科学的な事実をさもスパゲッティ・モンスターがやったかのように置き換えている。さらに地球の誕生である。

「地球は約0・0628318853秒で創造された。さらに多くの時間をスパモンは地球を仕上げるのに費やした。なぜならスパモンは全知であり、すぐに好奇心の強い人間があちこち引っ掻き回すであろうことを知っていたからだ。例えば恐竜の骨は実に巧妙に大量に埋められたので、数千万年前に恐竜が地球上を歩き回っていたと広く信じられている。恐竜は実は実在したが、数千万年前ではない。実際には恐竜は我々と一緒に生きていたのだ。3000年ほど前、人類の隣に」

恐竜は人類と一緒に生きていて、恐竜の骨は、スパゲッティ・モンスターが仕組んだホラだという。話は2500年前へ飛ぶ。「海賊黄金時代」の到来だ。

「2500年ほど前、スパモンが初めて人類の前に姿を現わし、道を示した。これ以後、スパモンの託宣を受け入れた者たちは、自分たちがある生き方をする運命にあることを知った――酒と、宝物とできれば女を満載した巨大な木造船で航海するのだ。これがスパモンの意思であり、そして実行された」

その後、海賊式ライフスタイルの黄金時代が到来。数百万の海賊船が快楽を求めて世界の海を駆け巡り、触れ合った者には誰にでも喜び（と、もしかすると性病）を広めたらしい。しかし敵対するものもいた。「スパモンの言葉を拒み、パスタファリアンに戦いを挑んだ」のは、聖書で知られるノアだ。戦いの様子も世界史には描かれている。

次の記述は1700年から現代である。その後は海賊に手出しするものはなく「海賊たちは相変わらずハロウィンを祝い、毎年末の2カ月は航海を休んで家族とのんびり過ごした」と秩序は保たれている状態が続いたらしい。だが、ハレクリシュナ教徒（忍者の子孫　※ヒンズー教の新興宗教、インドかぶれのヒッピーの間で流行）が海賊たちに聖戦を宣言。彼らは海賊を大量殺戮する。海賊たちは絶滅寸前となった。

「多くの海賊が宝物を隠し、廃業し、アイルランドやインドに移り住んだ。（略）海賊は宝物を隠しただけではなく、その宗教的文書も隠蔽しようとしたのだ。いやむしろ、将来寛容な時代になったら誰かがそうした文書を必ず探しに行くようにと、宝物を一緒に入れたのだ」

原本の多くは失われてしまったが、その理由を「重要性が見過ごされ、ときには料理法と間違われたからだ」と結ぶ。最後まで、人を食ったような世界史だが、空飛ぶスパゲッティ・モンスター教の宗教的文書が見つかる日は来るのだろうか。

インターネットミームとなった空飛ぶスパゲッティ・モンスター教。この絵はスウェーデンのコンセプトデザイナーであるニコラス・ヤンソンなる人物がミケランジェロの「アダムの創造」をモチーフに作成。神ではなく、スパゲッティ・モンスターによって最初の人類、アダムに生命を吹き込む様子を描き、教団の象徴的なイメージに

酒、オウム、暴れ者の一味、海賊船は必須のアイテムになっている

人生に疲れたらこう考える海賊ならどうするだろう？

スパモンの福音書には「人生に疲れたとき、とにかくこう自問してみよう。海賊ならどうするだろう？」と書かれている。その答えを見ていこう。

①海賊は酒を飲む

「酒は心を開き魂を解放してくれる」とあるので、酔いすぎなければ酒を肯定している。

②海賊はオウムを飼う

「オウムは人の言葉を繰り返す。だが、希少であるので、ＰＣやＰＤＡも代用できる」と時代性を反映している。

③暴れ者の一味を見つける

「酒、オウム、暴れ者をそろえたら本物の海賊として行動する準備はできた」。あとは行動だ。

④盗めなければ、船を造れ

「７つの海を旅する手段」を手に入れるのは目指すべきこと。「船がなければ、あなたはただの変な服を着たやつ」となる。

⑤女を見つけろ！

「あなたが女なら海賊を見つけろ！」。さらに航海の単調さを嘆いている。

⑥迷ったら奪え!!

「奪うことで喜びと栄華の中に人生を過ごすことができる」と外の世界に出ることを要求する。

⑦うあああ!!!

「海賊の人生を受け入れることとは終わりのない『うあああ』を受け入れること」だとか。

1 海賊は酒を飲む

「海賊ならどうするだろう?」では、以下の記述で酒を推奨している。「(酒によって)心が適度に滑らかになると、今度は思いがめぐることに気づくかもしれない。これはよいことだ」。スパモン教の世界史には“ビール火山”が出てくるぐらいだから大いに飲もう。

2 海賊はオウムを飼う

本文で触れたが、「PC、PDA、日記、オウムは真の友情の代用にはならない。ひたりで飲んでいてはたとえ肩にオウムがとまっていても、海賊流ではない、そこで第3ステップに移る」と続く。とにかく海賊にはオウムは欠かせないアイテムなのだ。

3 暴れ者の一味を見つける

「大海賊はみな、力を貸してくれる陽気な暴れ者一味を抱えていた——」。たしかに海賊の物語には一癖も二癖もある暴れ者の仲間が現れる。「見つけろ」と言われるぐらいだから、きっとスパゲッティ・モンスターはその仲間も用意してくれるはずだ。

盗めなければ、船を造れ

「眼帯があっても、オウムと義足があっても（船がなければ、海賊とは言えない）」とのこと。たしかに海賊にとっての船は、暴走族にとってのバイクのようなもの、なければ海賊船を造ってしまえという教えは全面的に正しい。

5

女を見つけろ！

「女と海賊は、スパゲッティとスパゲッティソースのように相性がいい」とあるが、「女海賊は男の海賊を見つけるといい」「同性の海賊同士も海賊文化では完全に受け入れられる」と性的指向を問わない。

6

迷ったら、奪え!!

「怠惰を逃れる道は行動だけだ。海図を見て静かな漁村を探し出せ。そして奪え！」と勇ましいが、「方角を見失ったときや風止まりのときには、その重要さを思い出したまえ」とあるので、海賊になった後悔を忘れてはいけないのかもしれない。

7

うあああああ!!!

「終わりのない『うあああああ!!!!』を受け入れることだ。そうでなければ、あなたはただの陸（おか）海賊にすぎない」とのことなので、本物の海賊になるためには、「うあああああ!!!」と思い出し、反省する経験がたくさん必要なのかもしれない。

アリストテレスからダーウィンまで偉大な人物をイジリ倒す!!

ドグマの限界に挑んだ非パスタファリアンたち

「異端」とは、本来「正統」に対しての反語だ。中世にはカトリック教会で「異端」とみなされたものには「異端審問」が行われていた。ボビー・ヘンダーソンは著書で「異端の歴史」と題し「ドグマの限界に挑んだ非パスタファリアン」についてまとめている。

最初にとりあげる異端人物は、古代ギリシャの哲学者、アリストテレス。その考えをスパモン教はこうまとめる。「世界のあらゆるものは可能性（質料）と現実性（形相）で構成されている。（略）今日、この考え方は『イカれたニューエイジのクソ』と呼ばれている」。そして、締めは「死後1000年たって、カトリック教会がアリストテレスのインチキに注目し始めると多くの面倒の元になった」。と散々な言われようである。

次はレオナルド・ダ・ヴィンチ。空飛ぶスパゲッティ・モンスター教の「異端の歴史」では、彼の性的嗜好である同性愛について多く書かれている。カトリック教会との関係は推理小説『ダ・ヴィンチ・コード』を読めとのこと。

冒頭の異端審問で裁かれたジョルダーノ・ブルーノについても触れられている。彼は16世紀の哲学者で、宇宙の無限性を主張し、1600年に異端思想のかどで火あぶりの刑にされた。スパゲッティ・モンスター教でもブルーノの項はこのように締めくくられている「キジも鳴かずば撃た

アリストテレスを「イカれたニューエイジのクソ」呼ばわり。レオナルド・ダ・ヴィンチやクローン羊のドリーも罵倒されまくる

れまい。確かに厳しい教訓だ」。

次の人物、チャールズ・ダーウィンについて多くのページが割かれているのは、本宗教が生まれたきっかけに「進化論」が関係しているからだろう。とはいえ、内容はかなりパロディによっている。ダーウィンは「キモいチビの料理人」で、『ミートボール航海記』（本物は『ビーグル号航海記』）を書いたとされる。さらに「じっくり煮込んだソースと完璧にゆであげたパスタは空飛ぶスパゲッティ・モンスターの聖なる象徴であるという理論を提示した」そうだ。そして「人類の祖先はミミズ（スパゲッティ・モンスターに似ている）」とダーウィンは主張していたと、トンデモ理論を唱えさせるのが、空飛ぶスパゲッティ・モンスター教らしい!?

ジョン・スコープスについても直接的に書かれている。彼は1925年のスコープス裁判（P10参照）で知られる人物で、テネシー州内の学校で進化論を教えることを禁じたバトラー法違反で告発され、最終的には有罪判決で罰金100ドルを払うことになった。この裁判はアメリカの「進化論裁判」の元となった事件である。最後に1996年に誕生したクローン羊のドリーについても触れ、やりたい放題の「スパモン流異端の歴史」は幕を閉じる。

ジョークなのか、真剣なのか、スパモン教創始者が全力で答える

スパゲッティ・モンスター教への疑問とヘンダーソンの回答

ここでは、空飛ぶスパゲッティ・モンスター教の福音書や教団のホームページから、創始者のボビー・ヘンダーソンによる疑問への回答を見ていこう。

Q：空飛ぶスパゲッティ・モンスター教とは冗談ですか?

A：冗談ではない。わたしたちの宗教は風刺と説明されることがあり、聖典を文字通り信じない信者もいる。これはキリスト教徒に対しても同様の議論が可能だ。キリスト教の聖書には、理性的なクリスチャンを無視するような奇抜な内容が多く描かれているじゃないか。

Q：パスタファリアンのほとんどは反宗教、もしくは無宗教に見えるが、なぜ?

A：わたしたちは反宗教ではないし、無神論者のクラブでもない。現在、ほかの宗教に入っていても、誰でもわたしたちの宗教に参加することを歓迎するよ。現時点で、スパモン教には、無神論者、不可知論者、ほかにキリスト教徒、イスラム教徒、ヒンズー教徒、仏教徒のメンバーがいる。わたしたちは宗教の名の下に行われる狂ったナンセンスに反抗しているだけで、反宗教じゃあない。

Q：空飛ぶスパゲッティ・モンスター教は同性婚についてどう考える?

A：空飛ぶスパゲッティ・モンスター教は、同性

婚について賛成か反対、どちらの判断も下さない。つまり誰もがスパゲッティ・モンスターのヌードル触手の愛に満ちた抱擁で歓迎されるということだ（パスタファリアンには、ゲイ、バイなどLGBTもたくさんいる）。

創始者であるヘンダーソンと空飛ぶスパゲッティ・モンスター教の珍回答はまだまだ続く。いったいどこまでがジョークで、どこからが真剣なのかが、さっぱり判別がつかない。

Q：パスタファリアンはこの世界がどのように創造されたと考えているの？

A：空飛ぶスパゲッティ・モンスターが世界を創造したと考えている。ただし、宇宙は数千年前ではなく、何十億年も前のものであり、生命は現在の形に進化したよう（進化論に沿ったよう）に見える。わたしは、研究者が科学理論を証明するたびに、スパゲッティ・モンスターは、ヌードル触手で地球のデータを修正していると考える。なぜ、スパゲッティ・モンスターがそんなことをしているかは不明だけど、それがわたしたちの信仰なんだ。

Q：パスタファリアンは、自分たちの信仰を裏付ける証拠をどの程度必要としていますか？　有力な証拠と見なされるものはなんですか？　また、なぜ、証拠のない宗教、例えばキリスト教が、パスタファリアンより信じられているのですか？

A：宗教が世間にどれほど受け入れられるかは、信者の数とその宗教が存在してきた時間の長さによるものだ。何百万人、何億人が信仰している宗教には、その数が「何かがあるかも」という強力な社会的証拠になっているのだ。組織が大きく、活動期間が長いほど、その効果は顕著になるものだ。

ただ、無神論者、別の宗教を信仰するものが、ほか宗教を役に立たないと主張するのは、やりすぎだ。何百万人が宗教からポジティブな経験を得

ているのだから、なにかしらの意味があるのだ。わたしは、彼らが語る言葉が真実であると言っているのではない。価値があると言っているのだ。

空飛ぶスパゲッティ・モンスター教は、聖典を文字通りに信じなくていい宗教で、それはほかの宗教と異なる。この聖典は、とても風変わりで、矛盾する点もたくさんあるが、それを信者は受け入れている。

Q：あなたやあなたのフォロワーが実際に空飛ぶスパゲッティ・モンスターを信じているとは思えません。

A：一部のパスタファリアンは空飛ぶスパゲッティ・モンスターを信じており、一部の人はそれを風刺と見なしている。風刺は宗教の正当な根拠であることを強調したい。風刺は真実に基づいて効果を発揮する。冗談なら冗談でオチを理解するためには、根底にある真実を意識しなければならないのだから。

少し思想に関する小難しい話になりすぎたようだ。もっと簡単な質問にもボビーは答えてくれる。

Q：空飛ぶスパゲッティ・モンスターはどんなパスタでできている？ 小麦？ それともセモリナ？

A：これについては議論になっている。西洋文化では小麦ベースだと主張されているけれど、東洋では米やソバだと信じられている。

Q：スパゲッティ・モンスターが慈悲深いのなら、どうして善良な人たちに悪いことが起きるの？

A：その人たちはスパゲッティ・モンスターを怒らせてしまったのかもしれない。あるいはスパゲッティ・モンスターが忙しすぎるか、何かの理由で無関心なため。関わっていないということもありうる。スパゲッティ・モンスターの業は不可解で、人間にはいつも理解できるとは限らないんだ。

Q：スパゲッティ・モンスターはわたしの祈りを

聞いてくれる？

Ａ：イエス。でも必ず応えてくれるとは限らない。確率を高めるためには、海賊の衣装か、眼帯だけでも身に着けることをお勧めする。

Ｑ：他の宗教は悪いの？

Ａ：ノー。判断を誤っただけだ。他の宗教からの改宗者も大歓迎だ。

Ｑ：無神論者や他の宗教の信者、つまり異教徒はどうなるの？　彼らは地獄行き？

Ａ：ノー。でもスパモンの天国の一番いい場所には入れないかもしれない。一番無難なのは、今すぐ改宗することだ。こんなふうに考えてみよう。もしパスタファリアニズムに改宗したあとにスパゲッティ・モンスターが存在しないことがわかっても、失うものはなにもない。改宗しない場合、スパゲッティ・モンスターが実在したらとんでもないバカを見ることになる。

Ｑ：スパゲッティ・モンスターはどこにいるの？

Ａ：正確にはわからない。というのもスパゲッティ・モンスターは、ほとんどいつも目に見えず、その存在をめったに現さないからだ。祈りを捧げてからスパゲッティ・モンスターに届くまでに、相当な時間がかかるようだ。ここからわたしたちは、一種の時間膨張効果が起きていると考えるようになった。さらに、スパゲッティ・モンスターには非常に多くの祈りが捧げられるから、時間膨張効果なしには、いくらスパゲッティ・モンスターだってその全部を聞く時間はないだろう。そのようなわけでスパゲッティ・モンスターは大半の時間をブラックホールのまわりを回っているのではないかと考えている。

　このように空飛ぶスパゲッティ・モンスター教の創始者のヘンダーソンが、ときにはジョークを交えながら真面目に回答してくれた。この宗教のことが気になり始めていたら、あなたはもうパスタファリアンの資格を持っているのかもしれない。ラーメン。

スパモンJPN（空飛ぶスパゲッティ・モンスター教会 日本支部）
https://www.facebook.com/spamonjpn/

Church of the Flying Spaghetti Monster
https://www.spaghettimonster.org/

信者は全世界で自称1000万人、日本でも4000人以上!?

空飛ぶスパゲッティ・モンスター教、入信の方法

ここまで読み進めてきて、空飛ぶスパゲッティ・モンスター教に入信したいと思った読者もいるだろう。ではどうすればいいのだろうか。公式ホームページにその方法が載っている。

まず入信方法は以下だ。「入信への手続きは一切ない。1円たりとも払わなくていい」。パスタファリアンに必要なのは、信じる心だけのようだ。

次に空飛ぶスパゲッティ・モンスター教を支援する方法について。「あなたは、パスタファリアニズムについて人々に伝え、世界中に広めることができる。わたしたちは最も平和な宗教である。スパモン教により、亡くなった人はひとりもいない」。そして注意点がある。

「空飛ぶスパゲッティ・モンスター教はリアルで正統な宗教である。多くの人が風刺的と見ているが、どのような基準でも、スパモン教が他の宗教と同じぐらい正しいものという事実は変わらない。そして、それこそがポイントなのである」

説明書きは以上だ。もし、あなたが現実的に、日本で空飛ぶスパゲッティ・モンスター教に入信するのであれば、フェイスブックの「スパモンJPN」に「いいね」をすればいい。

また、本家本元、アメリカの空飛ぶスパゲッティ・モンスター教のホームページでは、手続きは一切ないが、希望する人に証書（会員証やステッカー）を49ドルで頒布している。

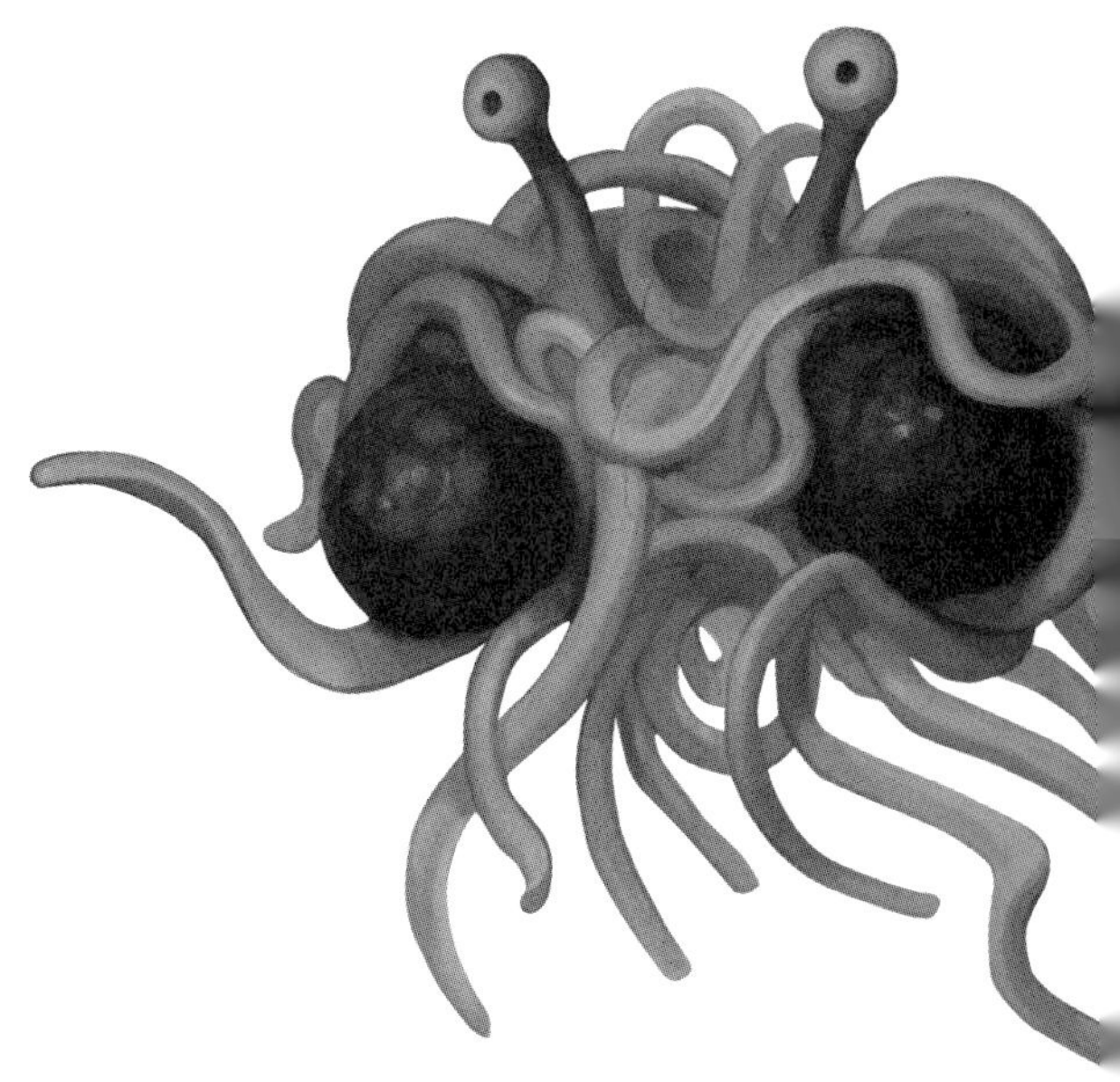

第 3 章

CHURCH OF THE FLYING SPAGHETTI MONSTER

パスタファリアニズムの布教

空飛ぶスパゲッティ・モンスター教の教義は「SDGs」に通ず?

年齢、人種、経歴、宗教すら問わず、誰もを受け入れる

全ての宗教がそうであるように、空飛ぶスパゲッティ・モンスター教にも「布教活動」が不可欠だ。しかし、その布教の目的は、精神的に弱った人間をさらなる不安に陥れて怪しげな壺を売りつけたり、多額の寄付、お布施をさせるためではない。前章で解説した通り、本来の目的はインテリジェント・デザイン論を公教育に持ち込もうとするもくろみを批判・風刺することにある。空飛ぶスパゲッティ・モンスター教のパスタファリアンとなった暁には、それを理解した上で「空飛ぶスパゲッティ・モンスターこそインテリジェント・デザイン論でいう『何らかの知性』である」という説を布教することになる(もちろん強制はされない)のだが……。

布教する教義には注目すべき点がある。それは、他宗教を認めないがために起こる戦争が後を絶たない中、空飛ぶスパゲッティ・モンスター教は、中心的思想のひとつに「わけへだてのない受容」という思想を掲げている点だ。〝受容〟とは、受け入れて、取り入れること。かつ〝わけへだてなく〟。つまり、「年齢、人種、経歴、宗教すら問わず、誰もを受け入れる」としているのだ。

アメリカで「ダイバーシティ」の概念(女性や有色人種などのマイノリティーの地位向上、差別撤廃を実現し、多様な人材が持つ可能性を発展させようという概念)が提唱されたのが1960年

ヘンダーソンは、パスタファリアンは、スパゲッティ・モンスターの言葉を伝えるためにほかの宗教信者に接触する必要があると説く。その際、「30日間お試しください。もしお気に召されなければ、必ず元の神様にお返しします」と伝えることも忘れるべからず——とのこと

代。しかし、それが実現しないまま、空飛ぶスパゲッティ・モンスター教が誕生したのは2005年。その後、博愛主義ともいえる「わけへだてのない受容」を掲げた教団の教えが、2015年に国連サミットで採択された、同じく博愛主義的な「SDGs」に繋がっていくのだとしたら……これこそヌードル触手を大忙しに働かせた空飛ぶスパゲッティ・モンスターの功績と言わずしてナンと言おう！

とまあ、大げさな解釈が正しいかどうかはさておき。空飛ぶスパゲッティ・モンスター教は布教するにあたり、信者であるパスタファリアンに対し、いくつかの注意点を挙げている。ひとつ目が、「パスタファリアンはクソ野郎ではない。わたしたちはスパモンの言葉を届け、人々に決めさせるだけだ」。ここで言われる〝クソ野郎〟とはドグマ（宗教・宗派における教義、また独断・偏見的な説や意見のこと）を妄信し、他を排除、攻撃する人々を指す。それに対しパスタファリアンは、空飛ぶスパゲッティ・モンスターの言葉を伝えるだけ。決して押し付けることなく、それを良しとするかどうかは、話を聞いた本人の判断に任せようと言うのだ。

そしてふたつ目が、他の宗教の信者を相手に布教する際には必ず、「30日間お試しください。もしお気に召さなければ、必ず元の神様にお返しします」と言い添えること。これに関しては、空飛ぶスパゲッティ・モンスター教の預言者であるボビー・ヘンダーソンの言い分が面白い。

「だって、テレビショッピングでうまくいくんだから。宗教でもうまくいくに違いないじゃん！」

確かに「返品できるなら試しに買ってみるか」と思うのが人情。「入信しても、いつでも脱会できますよ」と言われれば、敷居が低くなるというものだ。

また「わたしたちは、非信徒を暴力で脅すことを決してしない数少ない宗教のひとつなので、信頼が唯一の武器なのだ」とし「〝返神保証〟は信頼を築くのに役立つ」ともしている。無神論者が極端に多いと言われる日本で暮らす我々にはピンとこない話だが、海外の宗教事情を調べてみると、改宗を拒んだ女性に死刑判決が出た、なんてこともあるようで。そんな事実を知ると、空飛ぶスパゲッティ・モンスター教がいかに寛容であるかがわかるというものだ。

さらに、布教する際の注意点が続く。

「眼帯を着けたときには、ものが実際より近くに、または遠くに見えることをいつも頭に入れておくこと」

パスタファリアンの正装は海賊の衣装。眼帯を着けて布教すれば遠近感が狂うが、これは何も物理的な意味で、つまずかないよう足元に注意しろとだけ言っているのではない。相手を見た目で判断しないよう注意しろ、というダブルミーニングを含んでいるのだ。つまりはニコニコと話を聞いてくれている相手が、実は警戒心から後ろ手に銃を握りしめているかもしれないじゃないか、というわけだ。ヘンダーソンはこう書いている。

「嫌な感じがしてきたら、おいとまして次の機会まで生き延びよう。中にはしつこい宗教もあるが、わたしたちはそうではない。わたしたちは、あまり押し付けがましくない方法で伝道活動をしたいと思う」

そして布教する際の注意点として、最後に「聞き手を知り、適切なメッセージを選ぶこと」とし、聞き手に応じて適切なメッセージを送れるよう、若者、学者、年配者、子ども、芸能人相手を例に挙げているのだが、これがなかなかユニーク。

いわく、「学者には地球温暖化と海賊人口減少の関わりに関する研究資料を示しながら勧誘すればいい」とか、「芸能人が入信すればいい宣伝になって信者が増えるので、特別枠として考えよう」など、既存の宗教ならば思ってても言えないようなことを平気の平左で公言するのが、空飛ぶスパゲッティ・モンスター教。この裏表のなさが、信者を増やしている一因に違いない。

空飛ぶスパゲッティ・モンスター教視点で示される他宗教考察

パスタファリアンは一切のドグマ(教義)を拒否して柔軟さを保持

「年齢、人種、経歴、宗教すら問わず、誰もを受け入れる」のが空飛ぶスパゲッティ・モンスター教。結果、布教対象は全人類(一部を除く)、ということになるのだが、無神論者はさておくとして、とても微妙な問題となってくるのが、他宗教の信者への勧誘だ。

ヘンダーソンは著書の「他の宗教の信者と交流する」の項で、とくにキリスト教徒に関して多くの文字数を割き分析をしている。

なぜなら、ドグマ(教義)を信仰するキリスト教徒に対し、パスタファリアンはドグマを拒否するという決定的な違いがあるため、勧誘は一筋縄ではいかないとの憂慮が生じるためだ。

もちろん、キリスト教徒の中にも、ドグマ的思考にとらわれない〝穏健派〟もいる。こうした人たちを改宗させるのに、ほとんど労力はいらないとしながらも、保守的でドグマ好きなキリスト教徒に対して書くとき、ヘンダーソンの筆には、(ケンカを売っているわけでは決してない、としながらも)これでもかと皮肉がこもる。

「彼らはほとんど戸別訪問による布教活動をしないので、家庭のプライバシーが守られることを望むと推測できる。しかし公共の場では別だ。キリスト教徒が街を布教して回っているのはよく見られるし、時には公職にある立場で行なっている者もいる」

寒い中、何時間も繁華街の角でプラカードを掲げるキリスト教信者は心の広い人たちだから、空飛ぶスパゲッティ・モンスター教に改宗されるにはピッタリの対象。パスタファリアンは、自分のプラカードを作って改宗の働きかけをすべしとのこと

この文章は「だったら俺たちがパスタファリアンを政界に送り込んで、公に布教したって文句ないよな?」と読み取れる。

また、再生派のキリスト教徒の中に多いとされる(?)ドラッグ中毒者に対しては、「将来、わたしたちが伝道用の海賊船を建造したら、リハビリセンターから海賊船がつながれている港まで、コカインの入った瓶を並べておいてやろう。そうすれば再生派の連中は、コカインをパックマンみたいに飲み込みながら、わたしたちのところまでやって来るだろう」。ゴールやトライを決めた後に天を指さして祈る体育会系キリスト教徒に対しては、「こういった尊大な感覚は恥ずかしいし、見苦しい」とした上で、神はスポーツなんか見てねぇよ、的な捨て台詞まで残し、つけ加えて「神が本当に注目していると考えているのなら、彼らはきっと見かけよりずっとアホなのだろう」と一蹴。ここまで書いて大丈夫か? と心配になるほど、超辛辣なのだ。

そして、極めつけは「イエスならどうされるだろうか?」という枕に続く、この一文だ。

「イエスなら世の行き先を見て空飛ぶスパゲッティ・モンスター教に改宗しただろう。わたしたちの信仰とドグマの拒否は、今日のドグマ的なキリスト教よりも、イエスの思想とずっと一致している。イエスのためと見せかけて実行された数々の策略を、イエスが是認するとは信じがたい。そしてイエスの名において行われた戦争も受け入れはしないだろう」

確かに、イエス・キリスト様が「あの国をぶっつぶして何もかも奪い取れ!」とは言わないだろう。

とまあ、このように皮肉たっぷりの〝キリスト教考察〟だが……とはいえ、空飛ぶスパゲッティ・モンスター教では、「他人に向かってあなたの信仰は間違っていると言うのは、パスタファリアンとしてすべきことではない。わたしたちの役割は、ただ自分の意見を示すことであって、他

再生派キリスト主義者にはコカインを使ってリハビリセンターから海賊船までおびき寄せよう！　となかなか辛辣な改宗の働きかけを提案

人の意見を批判することでも、まして自分の信念を押しつけることでもない」というのが基本姿勢。他宗教の分析はするが、決してケンカを売っているわけではないのであしからず、というわけだ。

それでは、空飛ぶスパゲッティ・モンスター教が、キリスト教以外の世界の宗教に対してどのような見解を持っているか見ていこう。

◉イスラム教／イスラム教徒に対しては、空飛ぶスパゲッティ・モンスター教に改宗させるには時間がかかるだろうと見ているが……そのことを説明するのに、イラクのクウェート侵攻に端を発する湾岸戦争時の、ブッシュ大統領の発言を挙げている。いわく、「我々はイラクで成果を上げているが、まだ時間がかかる」。

一筋縄ではいかないのがイスラム教徒なのだ。ちなみに、サダム・フセインに対しては「彼は少し海賊に似ているが、まず間違いなくパスタファリアンではない」としている。

◉ヒンズー教／ヒンズー教徒の神々は、空飛ぶスパゲッティ・モンスターを真似たものだそうで。確かに、ヒンズー教の三大神であるブラフマー（創造神）、ヴィシュヌ（維持神）、シヴァ（破壊神）とも、何本もの手を持っているのが特徴。そ

ヒンズー教の神々にもスパゲッティ・モンスターのように２本以上の腕を持つ神がいる。4つの顔と4本の腕を持つブラフマー（写真右）は、宇宙と生物の創造主とされ、青い肌のヴィシュヌ（写真左）も、4本の腕を持つ

のため、ヒンズー教徒を勧誘するには、その手が空飛ぶスパゲッティ・モンスターのヌードル触手にきわめて近いことを説明すればいい、としている。

◉仏教／仏教に関しては、非常に平和的な宗教であり、その意味では空飛ぶスパゲッティ・モンスター教に似ているとしているが……多少、小ばかにしている感がなくもない？　なにしろ、仏教徒を改宗させる手段がジョークじみている。

「パスタをたっぷりと食べさせたあと、お腹いっぱいで眠ってしまった仏教徒を見守る。目覚めたときには、間違いなく空飛ぶスパゲッティ・モンスター教の悟りを開いていることだろう」

って……ちょっと簡単すぎやしませんか？

◉ユダヤ教／ユダヤ教徒に対しては、教育程度が高く、勉強熱心な人々だという見解を示している。したがって、彼らを改宗させる手段としては「空飛ぶスパゲッティ・モンスター教が厳密な科学的観察に基づいている」点を示すこと。加えて「地球温暖化と海賊人口の減少の確固たる関係にかかわる研究に従事している」点を強調すれば、きっと自分からパスタファリアニズムを受け入れるだろう、としている。

また、モーセも身に着けたとされるツィツィート（ユダヤ人男性が衣の四隅に必ずつけるふさ飾り）がヌードル触手に似ている点。さらに、ユダヤ教の中でも神秘主義思想を持つカバラ主義者が手首に巻く赤いヒモ。これがスパゲッティの形である点も付け加えよ、としているのだ。

この赤いヒモ、一般的に〝カバラヒモ〟と呼ばれ、邪悪な目から守ってくれるというもので、あのマドンナをはじめ、ブリトニー・スピアーズやビヨンセ、ベッカム夫妻といったセレブたちが手首に巻いていて、一時期話題になったという経緯があるようで……。空飛ぶスパゲッティ・モンスター教にしてみれば、マドンナたちもヌードル触手に触れたひとりである、というわけだ。

◉ジャイナ教／宗教に疎い日本人には耳馴染みの

ない宗教だが、ジャイナ教は仏教と同時期に誕生したインドの宗教。苦行、禁欲、非暴力など戒律が厳しく菜食主義。不殺生に関しては「根菜類は掘り起こす際に虫を殺す恐れがあるので避ける」というほどの徹底ぶり。

そんな敬虔すぎるジャイナ教徒に対しては、さすがの空飛ぶスパゲッティ・モンスター教も諦めモード？　非暴力、平和主義といった共通点はあるものの「海賊であることに触れてはいけない」「近づくときは恐がらせないよう、ゆっくりと」としている。

◉神道／神道は日本の宗教。宗教といっても一部の教派を除けば教祖もドグマ（教義）もなく、神道とは、日本人の持つ〝道徳〟の背景にある教え、というのが適当だろうか。

そして、基本的には多神教的であるがゆえ、空飛ぶスパゲッティ・モンスター教にしてみれば入り込むのは楽勝。しかも、ラーメンが大好物な日本人のこと、確かに、祈るならアーメンの代わりに「ラーメン」って言いたい人が多いに違いない？

◉ラスタファリアン／ラスタファリアンとは、アフリカ回帰を奨励するラスタファリ運動を支持する人々のこと。教祖や教義は定まっていないが、代表的な支持者としては、ジャマイカ生まれのレゲエ・シンガーソングライター、ボブ・マーリーが有名だ。

ラスタファリアンは、海賊が住んでいたカリブ海に多い点、ドレッドヘアはスパゲッティ・モンスターのヌードル触手に似ている点などを挙げ、ふたつの宗教は相性がいいを通り越し「ほとんどのラスタファリアンが、すでにパスタファリアンであると信じている」としている。

◉サイエントロジスト／サイエントロジーは、SF作家であるロン・ハバードによって設立された宗教。ウソか本当か「カルト？」「洗脳される？」といったマイナスイメージで表されることも少なくない中、空飛ぶスパゲッティ・モンスター教と

大晦日には除夜の鐘を叩き、元旦には初詣に行くという仏教と神道のふたつの宗教儀式を、疑問を持たずに実践する日本人。複数の宗教を受け入れやすする土壌があるから、ラーメンを食べさせて、スパゲッティ・モンスター教も受け入れるように言えばいいとのこと

しては、「サイエントロジストは関わりあいにならないのが一番」と一蹴するコメントを残している。

さて、ここまで空飛ぶスパゲッティ・モンスター教の、各宗教への見解を示してきたわけだが……これらの宗教と空飛ぶスパゲッティ・モンスター教には決定的な違いが1点。それはスパゲッティ・モンスター教が「自分たちが間違っている可能性を認識しながら、自分たちの信仰について説得力のある主張をする」という考え方を基本姿勢に掲げている点だ。

既存の宗教にしてみれば、自分たちの主張を曲げることは死活問題。間違っていたと認めることは負けも同然。しかし、スパゲッティ・モンスター教は、（科学的根拠を提示してくれさえすれば）それさえも厭わないのだ。そして、このユルさこそが強みであるに違いない。

空飛ぶスパゲッティ・モンスター教信者の獲得に使ってほしい!?

宣伝用フライヤー&パンフレット・ギャラリー

Is he a flying monster made of spaghetti?

P1. The Flying Spaghetti Monster is a being which has every perfection.

P2. Existence is a perfection.

C. Therefore, the Flying Spaghetti Monster exists.

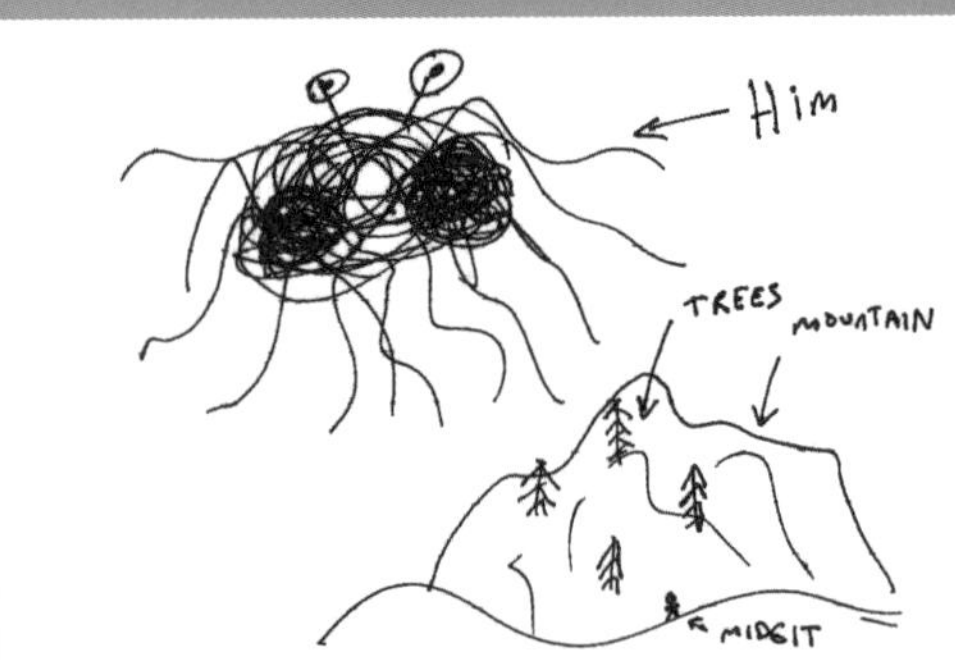

Check out the most logical and fastest growing religion on the planet!

 www.venganza.org 

インターネットミームになった空飛ぶスパゲッティ・モンスターには、布教活動（?）に使えるユニークなフライヤーが数多く作られ、ホームページ上で公開されている。ここではその一部をご覧いただこう。

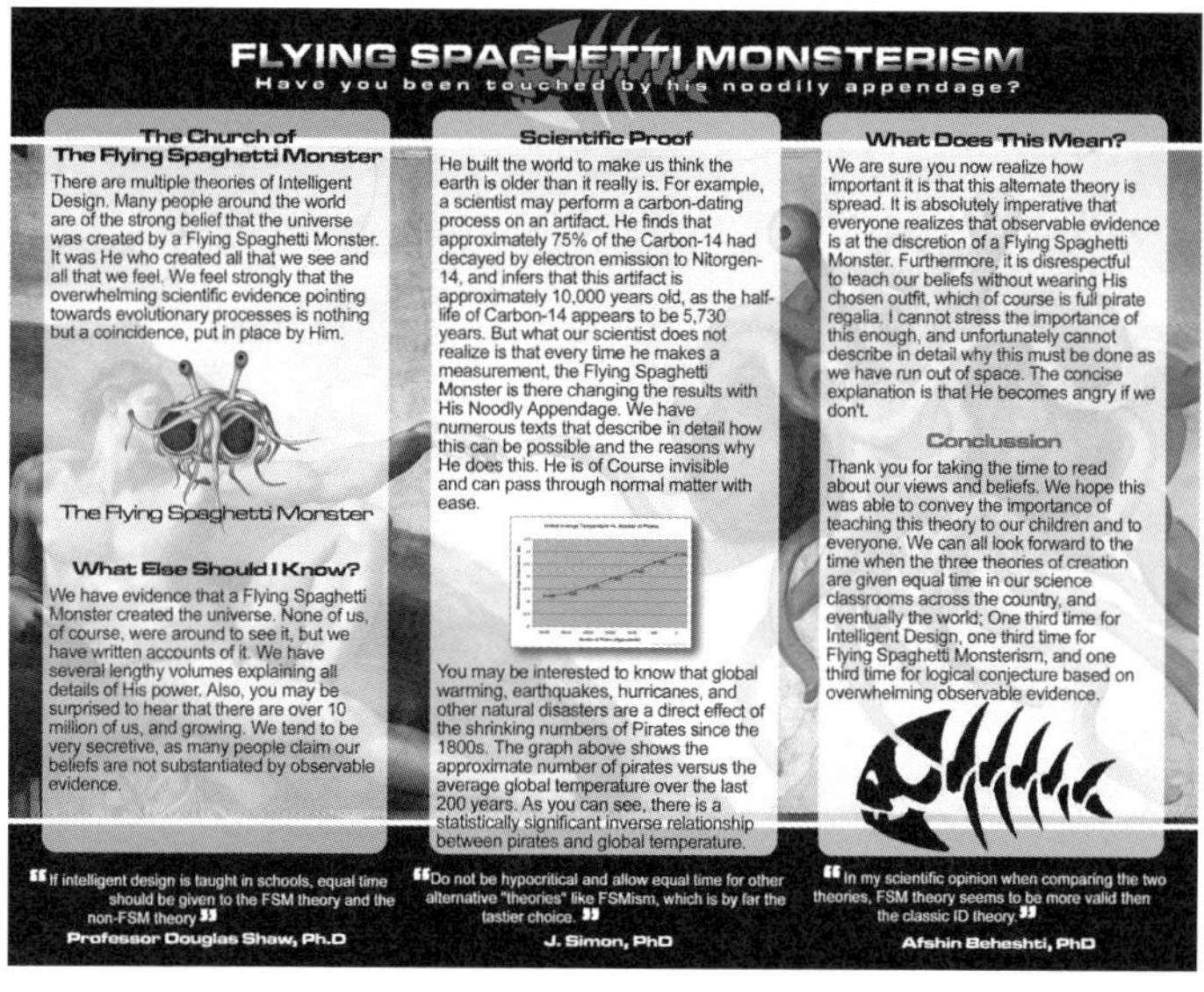

FLYING SPAGHETTI MONSTERISM

Have you been touched by his noodily appendage?

The Church of The Flying Spaghetti Monster

There are multiple theories of Intelligent Design. Many people around the world are of the strong belief that the universe was created by a Flying Spaghetti Monster. It was He who created all that we see and all that we feel. We feel strongly that the overwhelming scientific evidence pointing towards evolutionary processes is nothing but a coincidence, put in place by Him.

The Flying Spaghetti Monster

What Else Should I Know?

We have evidence that a Flying Spaghetti Monster created the universe. None of us, of course, were around to see it, but we have written accounts of it. We have several lengthy volumes explaining all details of His power. Also, you may be surprised to hear that there are over 10 million of us, and growing. We tend to be very secretive, as many people claim our beliefs are not substantiated by observable evidence.

Scientific Proof

He built the world to make us think the earth is older than it really is. For example, a scientist may perform a carbon-dating process on an artifact. He finds that approximately 75% of the Carbon-14 had decayed by electron emission to Nitorgen-14, and infers that this artifact is approximately 10,000 years old, as the half-life of Carbon-14 appears to be 5,730 years. But what our scientist does not realize is that every time he makes a measurement, the Flying Spaghetti Monster is there changing the results with His Noodly Appendage. We have numerous texts that describe in detail how this can be possible and the reasons why He does this. He is of Course invisible and can pass through normal matter with ease.

You may be interested to know that global warming, earthquakes, hurricanes, and other natural disasters are a direct effect of the shrinking numbers of Pirates since the 1800s. The graph above shows the approximate number of pirates versus the average global temperature over the last 200 years. As you can see, there is a statistically significant inverse relationship between pirates and global temperature.

What Does This Mean?

We are sure you now realize how important it is that this alternate theory is spread. It is absolutely imperative that everyone realizes that observable evidence is at the discretion of a Flying Spaghetti Monster. Furthermore, it is disrespectful to teach our beliefs without wearing His chosen outfit, which of course is full pirate regalia. I cannot stress the importance of this enough, and unfortunately cannot describe in detail why this must be done as we have run out of space. The concise explanation is that He becomes angry if we don't.

Conclussion

Thank you for taking the time to read about our views and beliefs. We hope this was able to convey the importance of teaching this theory to our children and to everyone. We can all look forward to the time when the three theories of creation are given equal time in our science classrooms across the country, and eventually the world; One third time for Intelligent Design, one third time for Flying Spaghetti Monsterism, and one third time for logical conjecture based on overwhelming observable evidence.

"If intelligent design is taught in schools, equal time should be given to the FSM theory and the non-FSM theory"
Professor Douglas Shaw, Ph.D

"Do not be hypocritical and allow equal time for other alternative "theories" like FSMism, which is by far the tastier choice."
J. Simon, PhD

"In my scientific opinion when comparing the two theories, FSM theory seems to be more valid then the classic ID theory."
Afshin Beheshti, PhD

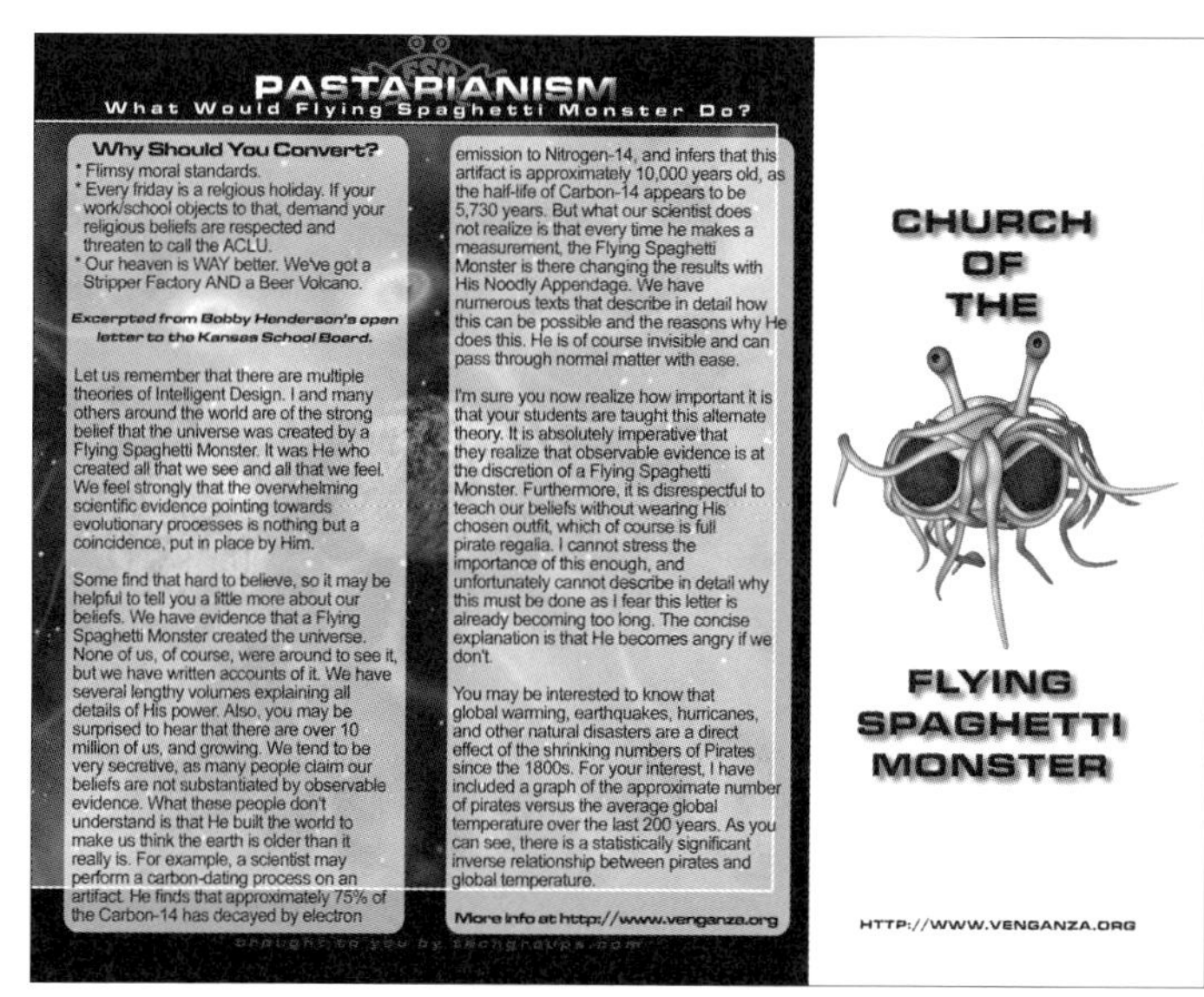

PASTARIANISM

What Would Flying Spaghetti Monster Do?

Why Should You Convert?

* Flimsy moral standards.
* Every friday is a relgious holiday. If your work/school objects to that, demand your religious beliefs are respected and threaten to call the ACLU.
* Our heaven is WAY better. We've got a Stripper Factory AND a Beer Volcano.

Excerpted from Bobby Henderson's open letter to the Kansas School Board.

Let us remember that there are multiple theories of Intelligent Design. I and many others around the world are of the strong belief that the universe was created by a Flying Spaghetti Monster. It was He who created all that we see and all that we feel. We feel strongly that the overwhelming scientific evidence pointing towards evolutionary processes is nothing but a coincidence, put in place by Him.

Some find that hard to believe, so it may be helpful to tell you a little more about our beliefs. We have evidence that a Flying Spaghetti Monster created the universe. None of us, of course, were around to see it, but we have written accounts of it. We have several lengthy volumes explaining all details of His power. Also, you may be surprised to hear that there are over 10 million of us, and growing. We tend to be very secretive, as many people claim our beliefs are not substantiated by observable evidence. What these people don't understand is that He built the world to make us think the earth is older than it really is. For example, a scientist may perform a carbon-dating process on an artifact. He finds that approximately 75% of the Carbon-14 has decayed by electron emission to Nitrogen-14, and infers that this artifact is approximately 10,000 years old, as the half-life of Carbon-14 appears to be 5,730 years. But what our scientist does not realize is that every time he makes a measurement, the Flying Spaghetti Monster is there changing the results with His Noodly Appendage. We have numerous texts that describe in detail how this can be possible and the reasons why He does this. He is of course invisible and can pass through normal matter with ease.

I'm sure you now realize how important it is that your students are taught this alternate theory. It is absolutely imperative that they realize that observable evidence is at the discretion of a Flying Spaghetti Monster. Furthermore, it is disrespectful to teach our beliefs without wearing His chosen outfit, which of course is full pirate regalia. I cannot stress the importance of this enough, and unfortunately cannot describe in detail why this must be done as I fear this letter is already becoming too long. The concise explanation is that He becomes angry if we don't.

You may be interested to know that global warming, earthquakes, hurricanes, and other natural disasters are a direct effect of the shrinking numbers of Pirates since the 1800s. For your interest, I have included a graph of the approximate number of pirates versus the average global temperature over the last 200 years. As you can see, there is a statistically significant inverse relationship between pirates and global temperature.

More info at http://www.venganza.org

brought to you by techgroups.com

CHURCH OF THE FLYING SPAGHETTI MONSTER

HTTP://WWW.VENGANZA.ORG

Noodly Appendage?
www.venganza.org

It's ALIVE!
The Flying Spaghetti Monster
Touched by his Noodly Appendage

THE RAPTURE
YUP IT'S HERE
[IT'S OK IT'S JUST TWO OCTOPODES]
DECLARE YOUR ALLEGIANCE

Church of the Flying Spaghetti Monster

TELL THE CHILDREN THE TRUTH
PASTAFARIANISM
WWW.VENGANZA.ORG

CARBO
DIEM

HAVE YOU BEEN TOUCHED
BY HIS NOODLY APPENDAGE?
www.venganza.org

Do you believe?
www.venganza.org

INTELLIGENT DESIGN
WITH BALLS
TWO HOLY MEAT BALLS &
OMNIPOTENT NOODLY APPENDAGES
WWW.VENGANZA.ORG
venganza.org venganza.org venganza.org venganza.org venganza.org venganza.org

Science and FSM:
Partners in
Knowledge
and
Truth.

過越の祭もラマダーンも空飛ぶスパゲッティ・モンスター教の真似?

海賊衣装でパスタを食べて祝う パスタファリアンの休日

空飛ぶスパゲッティ・モンスター教では「1年365日すべて栄光に満ちている」としながらも、〝本当に特別な日〟として、いくつかの祝日を設けている。それが①パスタオーバー ②ラーメンダン ③ハロウィーン ④国際海賊のように話す日⑤金曜日 ⑥年末年始の休暇の6つだ。

中には名前だけ聞いても「なんのこっちゃ?」と思うような休日もあるので……ここからそれぞれについて、簡単に解説していこう。

①パスタオーバー／ユダヤ教の祝日である「過越の祭(パスオーバー)」にひっかけた……もとい、元になった(もちろん、ユダヤ教が空飛ぶスパゲッティ・モンスター教を真似たという意味)であろう祝日。キリスト教でいえば「復活祭」に相当する宗教上の休日で、空飛ぶスパゲッティ・モンスターが初めてヌードル触手で人類に触れたときを、海賊に扮装してパスタを食べながら祝う。

②ラーメンダン／イスラム教徒が断食を行うラマダーンの月と同時期にやってくるが……もちろん、パスタファリアンは断食などせず「その月の数日をラーメンだけを食べて過ごし、腹ぺこだった学生時代を思い起こす」のだ。

③ハロウィーン／10月31日、パスタファリアンが海賊の扮装をして子どもたちにキャンディを配る。また、ハロウィーン期間中、パスタファリアンは、女と酒を求め、7つの海とまではいかなくとも家

ハロウィーンでは、パスタファリアンなら海賊の恰好をしてお菓子を子どもたちに配りたい（写真①）。ラーメンを食べて過ごす日本人には嬉しいラーメンダン（写真②）。毎週金曜日を宗教上の休日とし、こんなふうに日光浴を勧めている（写真③）

の近所を旅することが推奨される。

④国際海賊のように話す日／毎年9月19日。ハロウーンと同じように、この日、パスタファリアンは女と酒を求めることを奨励される。また、酒絡みで布教できる絶好の機会ともされていて、空飛ぶスパゲッティ・モンスター教に改宗した人の半分は、この日に勧誘されたというデータがあるとか、ないとか？

⑤金曜日／金曜日は、パスタファリアンにとって週に一度の神聖な祝日。ビール火山とストリッパー工場に思いを馳せながら、のんびり過ごし、できれば日光浴をすることが奨励される。

⑥年末年始の休暇／休暇の期間は12月と1月の大部分。多くの学校や会社で「クリスマス・シーズン」とは言わず、パスタファリアンの「ホリデー・シーズン」という言葉を使うのは、空飛ぶスパゲッティ・モンスター教が急速に広まっていることの強力な証拠だとか？

（あえて）迷走する空飛ぶスパゲッティ・モンスターの存在証明

意味不明な論文で信者の〝見抜く力〟を育てる？

空飛ぶスパゲッティ・モンスター教の預言者であるボビー・ヘンダーソンの著書『反★進化論講座～空飛ぶスパゲッティ・モンスターの福音書～』の最後には「啓蒙協会」と題した章がある。

ここには、空飛ぶスパゲッティ・モンスター教が設立したシンクタンクである「啓蒙協会」、この出版部門に寄せられた11の論文が掲載されているのだが、それらは全て、空飛ぶスパゲッティ・モンスターの存在の証拠がまだまだ必要であるという側面から集められた、学者、知識人によるもの。

内容はというと、宇宙人の顔のような絵文字を数式にはめ込んで空飛ぶスパゲッティ・モンスターの実在を証明しようとする「スパモン神学代数」。さらに「ペンギンとパスタについて」や「生命、コルゴロモフ複雑性、おいしいスパゲッティ」と題された論文などなど。我々一般人にとっては「？」しか浮かばない論文だらけ。

まあ、書いてる本人たちが、実際に大真面目なのかどうかは置いておくとして、要は、インテリジェント・デザイン論の中で人類の創生に「何らかの知性」が関わっていることを証明するのって、空飛ぶスパゲッティ・モンスターの存在を証明しようとするのと同じ（くらいバカバカしいこと）でしょ？　といった皮肉を、大真面目を装った論文に込めているというわけだ。

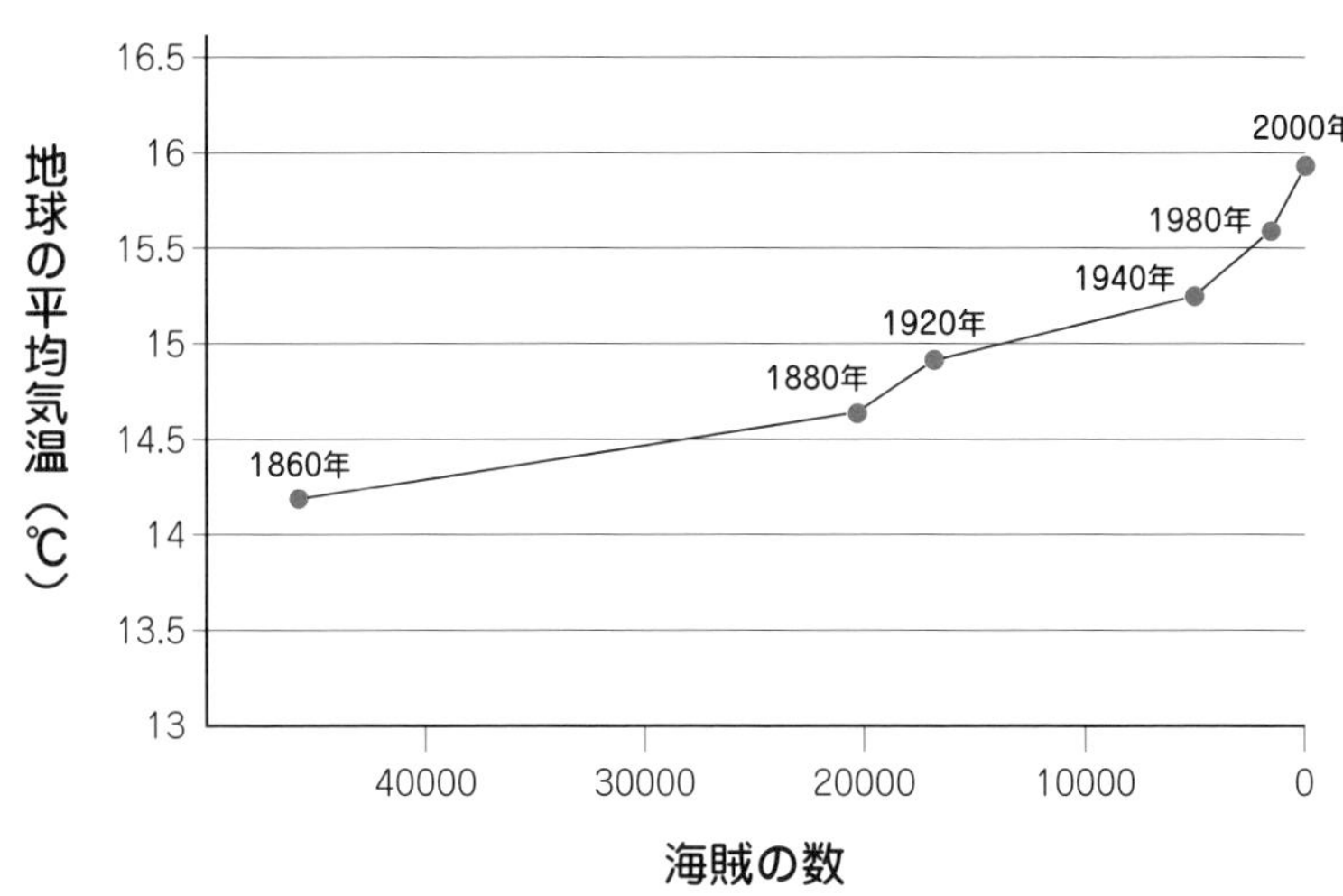

地球の平均気温の上昇と海賊の数が反比例することがわかるグラフ。この事実からスパゲッティ・モンスターに選ばれし民、海賊の減少が、地球温暖化やハリケーンなどの自然災害を引き起こしていると論文で説明

その証拠に、ヘンダーソンはこうも書く。

「このシンクタンクは、空飛ぶスパゲッティ・モンスターが存在するというわたしたちの直感的な推測を証明することに専念し、そのためには、もっともらしい論証と循環論法を存分に使うものである。知らなかった人のために言っておくと、このやり方は宗教においてはまったく正当であり、また政治問題化された科学においても正当性を増しているものだ」

誤解を恐れずに意訳すれば「宗教（および政治）が憶測でしかないことを下々に押し付けようとするときに、もっともらしい話で煙に巻いて丸め込むなんて、当たり前にやってることじゃん」ということ。

空飛ぶスパゲッティ・モンスター教は、これをあえてすることで、信者の〝見抜く力〟を育成しているのかも……というのは考えすぎ？

空飛ぶスパゲッティ・モンスター教ならではの資金調達法

海賊船は普通の教会より維持費がかかる?

一般的に宗教にお布施や寄付はつきもの。信者が集う建物(教会やモスク)を建てるのだっておカネがかかるわけだし、信者が教義を学ぶ教材だってタダで配れるわけではない。

空飛ぶスパゲッティ・モンスター教も例外ではない。何しろ「海賊船は、普通の教会よりも維持費がかかる」らしいから、金があるにこしたことはないが、募金箱を持った信者を街に立たせるなんてこともしないので、当然、資金は寄付頼りだ。しかも、寄付はあくまでも自発的なものであり、強制されることは一切ない。

では、自発的な寄付だけで事足りているのかといえば、そこはユーモア溢れる空飛ぶスパゲッティ・モンスター教。公式サイトでは思わず買いたくなるTシャツやコーヒーカップ、ステッカーなどが用意されているというわけだ。

繰り返しになるが、パスタファリアンの道徳基準として、お金の使い方に言及した記述を。

「わたしが本当に止めてほしいことは、ヌードル神のために大金をかけて教会/寺院/モスク/神殿を建てることである。他にもっとよい金の使い道がある(好きなものを選びなさい)A:貧困をなくす。B:病気を治す。C:平和に生きて、燃えるように愛して、電話の通話料を下げる」

あなたなら、どのお金の使い道を支持する?

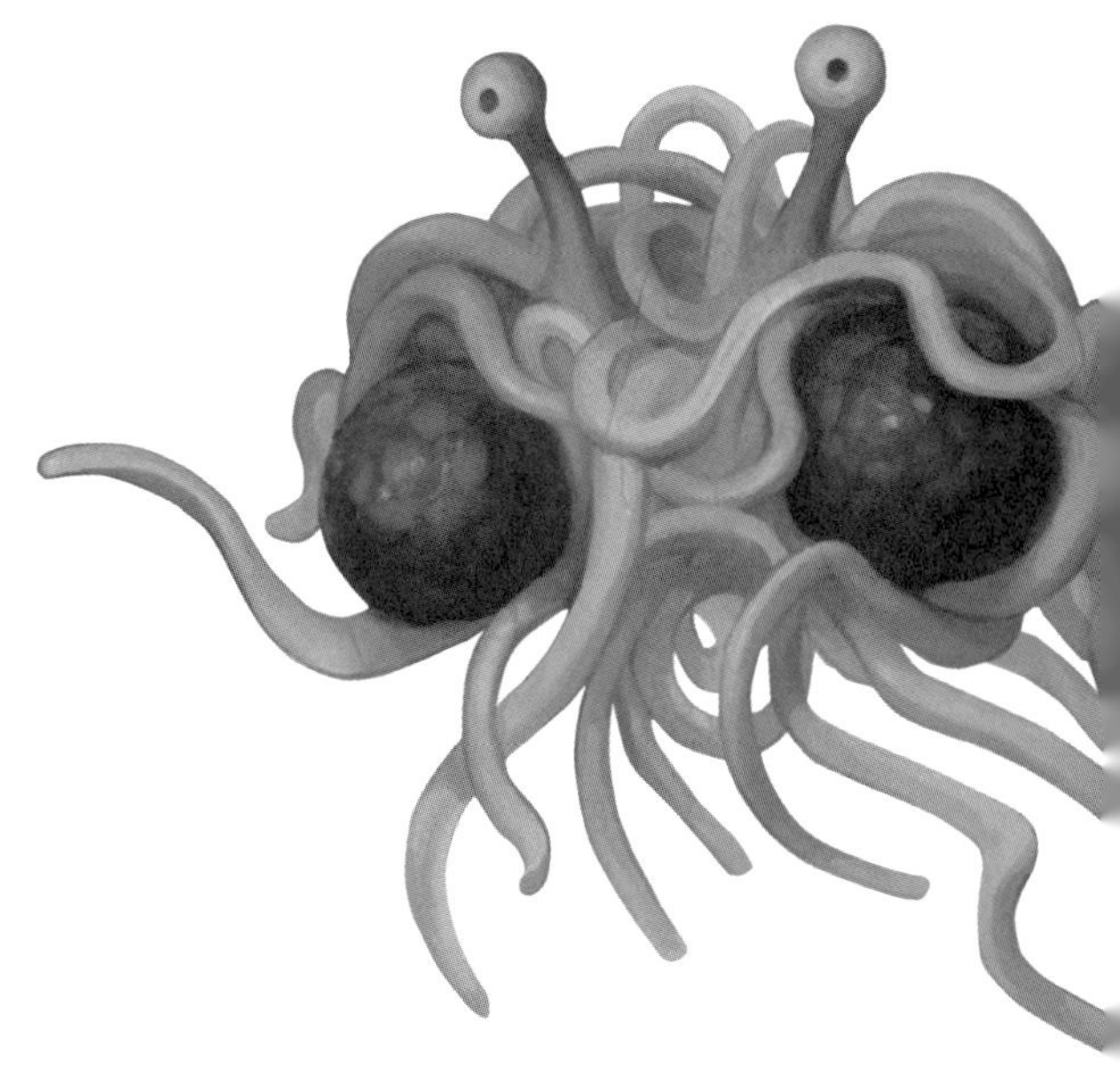

第 4 章

CHURCH OF THE FLYING SPAGHETTI MONSTER

世界のパスタファリアン

七転び八起きしながら、世界で増殖するパスタファリアン！

スパモン教発展の歴史は既存宗教、法律との戦いの歴史

2005年にアメリカで誕生して以来、信者を増やし続けている、空飛ぶスパゲッティ・モンスター教。現在ではその教えが世界中に拡散し、ヨーロッパ、オーストラリア、ニュージーランド、そして日本を含むアジアといった具合に、世界各国に多数の支部を持つまでになっている。

ここでは、空飛ぶスパゲッティ・モンスター教が世界に広まっていく経緯（＝パスタファリアンの信教の自由と法律との数々のせめぎ合いの歴史）を追ってみよう。

おそらく、空飛ぶスパゲッティ・モンスター教が人々の興味をそそるであろうニュースとして、初めて大きく取り上げられたのは、次の出来事だろう。

2015年、アメリカのリベラル系オンラインメディアであるハフポストUS版が「11月16日、アメリカ・マサチューセッツ州ローウェルのリンゼイ・ミラーさんが、スパゲッティ湯切り用のボウルを被った免許証の写真が認められた」と報じたのだ。

この女性、3カ月前の8月に、同じ写真で免許を更新しようとしたところ、マサチューセッツ州自動車登録所に却下されていたのだが……。

アメリカの免許証写真に規定されている「医学的または宗教上の理由がない限り帽子などを着用してはならない」という事項を盾に行政不服申立

毎年6月にアメリカ、シアトルで行われるフリーモント・ソルティス・パレードに参加するパスタファリアンの様子

アメリカだけでなくヨーロッパの国々にもパスタファリアンはいる。写真はベルギーのパスタファリアンたち

てを行い、「自分は空飛ぶスパゲッティ・モンスター教徒であり、ザルをかぶるのは宗教上の理由である」と反論した経緯があった。

結果、免許証の写真として認められたということは、すなわち空飛ぶスパゲッティ・モンスター教が、アメリカ・マサチューセッツ州においては宗教団体であると認められたことにほかならない（ちなみに、オーストラリアでは2011年の時点で、運転免許証の写真でザルを頭にかぶることが許可されている）。

さらに、空飛ぶスパゲッティ・モンスター教は2014年のポーランドを皮切りに、2015年にニュージーランドでも宗教として認可され、翌2016年には、同国で公的な結婚式として世界発の〝パスタ婚〟が執り行われることになる（この後、海賊衣装を身にまとって執り行われるパスタ婚がパスタファリアン・カップルの間でブームになったのは言うまでもない）。

そして、この流れに乗った空飛ぶスパゲッティ・モンスター教はニュージーランドに続き、オランダ、台湾と立て続けに公式な認可を獲得。

また、こうした経緯の中で、アメリカのパスタファリアンであるクリストファー・シェーファーが、頭にザルをかぶった状態で市議会議員に就任するという快挙も成し遂げる。

しかしやはり、全てが追い風とはいかないもので……。

アメリカ中西部、ネブラスカ州の連邦裁判所は、空飛ぶスパゲッティ・モンスター教は風刺的なパロディ宗教であるとの判決を下し、ネブラスカ州のパスタファリアンは、宗教的土地利用、宗教的

宗教が人々に根付いている欧米では、公的にザルをかぶる権利を求めるパスタファリアンたちの活動が盛んだ

配慮を受ける権利を得ることができなかった。

さらに空飛ぶスパゲッティ・モンスター教の世界で唯一の教会があるドイツのブランデンブルク州での出来事。

この教会が、町の入り口となる道路沿いに、教会主催のイベントを宣伝するための看板の設置を

空飛ぶスパゲッティ・モンスター教を宗教として認めてもらうためのパスタファリアンたちの戦いを追いかけた2019年のドキュメンタリー映画『私はパスタファリアン（原題：I, Pastafari: A Flying Spaghetti Monster Story)』

求めたところ、ブランデンブルク州裁判所によって却下されてしまったのだ。

同じ場所には、カトリックや、プロテスタントがミサの予定を示す看板が設置されている。空飛ぶスパゲッティ・モンスター教サイドにしてみれば「そんなの宗教差別じゃないか」と異議を申し立てたいところだが、裁判所は「同教会はキリスト教やほかの宗教をただ真似たもの。宗教団体としても、常識的な世界観を持つ集団としても認められない」と、にべもなかった。

このように、一見は世界中にパスタファリアンを増やし続けているようにも見える空飛ぶスパゲッティ・モンスター教ではあるが、既存の宗教勢力が強い、お堅い国、地域では、必ずといっていいほど、ドイツ同様の論争が持ち上がる。

いわく「空飛ぶスパゲッティ・モンスター教は本物の宗教ではない」「空飛ぶスパゲッティ・モンスター教はパロディ宗教にすぎない」と。

しかし、空飛ぶスパゲッティ・モンスター教サ

映画にも登場する空飛ぶスパゲッティ・モンスター教、世界で唯一の教会があるドイツのブランデンブルク州

イドからしてみれば、このような指摘自体が、いわば〝トンチンカン〟なものに聞こえるに違いない。

なぜなら、空飛ぶスパゲッティ・モンスター教が、そもそもインテリジェント・デザイン論を公教育に持ち込もうとするもくろみを批判・風刺するため、戦術的に設立されたパロディ宗教であることは、多くのパスタファリアンにとっても明らかな事実（もし、大真面目に空飛ぶスパゲッティ・モンスターの存在を信じている敬虔すぎるパスタファリアンの方がいらっしゃったらゴメンナサイ！）。

つまり、始めからパロディだとほのめかしている教義に対して「こんなのパロディじゃないか！」との批判が出る――そうした〝トンチンカン〟な構図のまま平行線をたどっているのが現状、ということなのだ。

ヘンダーソンは、こうも言っている。

「多くのクリスチャンは聖書が文字通り真実であるとは信じていませんが、それは彼らが真のクリスチャンではないという意味ではありません」

ひっくり返して解釈すれば、

「うちは、空飛ぶスパゲッティ・モンスターを絶対的に信じろなんて言いませんから。来るもの拒まず。信じる、信じないもあなたのご自由に」

というわけだ。

そして、トンチンカンな指摘を、のらりくらりとかわしながら、着実にパスタファリアンの数を増やす空飛ぶスパゲッティ・モンスター教。

当のパスタファリアンたちが意識しているかどうかはともかく、空飛ぶスパゲッティ・モンスター教が大きくなるということは、つまり、インテリジェント・デザイン論を（ひいては創造論を？）再び公教育に持ち込もうとする動きに反対する活動が活発化するということに違いないわけで……果たして、論争の勝敗は神（空飛ぶスパゲッティ・モンスター）のみぞ知る？

仏教や神道のテイストを取り入れた独自の祈りと活動

日本の空飛ぶスパゲッティ・モンスター教

欧米だけでなく、日本にもパスタファリアンたちがいる。彼らはなぜ入信し、どんな活動をしているのだろうか。今回、空飛ぶスパゲッティ・モンスター教会日本支部（スパモンＪＰＮ）で、広報を務める神官のナポリタンさんに話を聞くことができた。

――ナポリタンさんは、いつ、どのようにして「空飛ぶスパゲッティ・モンスター教」を知りましたか？

「２００５年頃、アメリカのネット空間で、『空飛ぶスパゲッティ・モンスター教』が話題になっていたのですが、それをアメリカに社会人留学していた友人が教えてくれたことがきっかけです。わたし自身、カウンターカルチャーに興味があったので、いかにもアメリカらしい皮肉と冗談がとても気に入りまして、ぜひ体得した上で日本に輸入したいと考えました」

――ナポリタンさんは、以前から何かの宗教を積極的に信仰していたんですか？

「学生時代にヨースタイン・ゴルデル氏の著書『ソフィーの世界』（※ノルウェーの哲学教師が書いたファンタジー小説。１９９１年に出版され世界的なベストセラーに。日本でも１９９５年に発売され、累計で２００万部以上が売れている）を読んで哲学に興味を持ち、独学で学んでいました。

教団のロゴも本国とは違うものが使われている日本支社

そこに『新世紀エヴァンゲリオン』が現れて、生物学、心理学、宗教関係も趣味に加わりました。興味本位で複数の新興宗教に入信して修業をしたこともありましたが、それらはあくまでも科学的好奇心によるアプローチだったため、短期間に入退会を繰り返していましたね」

——科学的好奇心によるアプローチというと具体的にはどんなことですか？

「サンタクロースは本当にいないと言い切れるのか？　いないということを科学的に証明できるのか？　二重スリット実験の結果は何を意味するのか？　輪廻転生はあるのかないのか？　死後の世界はあるのかないのか？　そんなことですね」

——なぜ、空飛ぶスパゲッティ・モンスター教に入信してみようと思ったのですか？

「かくのごとく信仰心のないわたしだったのですが、ヴィクトール・フランクル氏の著書の『夜と霧』（※ナチスの強制収容所に収監された心理学者の経験談で「言語を絶する感動」と評されている）を読んで、信仰心があった方が人生が楽しいのではないかと考えました。しかし、既存の宗教や修行させていただいた新興宗教にはどうも気持ちが入らない——と、信仰の対象を捜していました。ほどなくしてそこに現れたのがスパモン教だったのです」

——「空飛ぶスパゲッティ・モンスター教会 日本支部」は、いつ、どのように、誰によって作られたのですか？

「先ほどのアメリカに留学していた友人が、生涯研究課題で神の存在証明を研究していました。その中でID（インテリジェント・デザイン）理論

今回、取材に応じてくれた空飛ぶスパゲッティ・モンスター教会日本支部の広報担当、神官のナポリタンさん

を知り、その後、スパモン教が生まれた経緯をオンタイムで経験しました。ＩＤ理論は汎用性の高い魅力的なハードで、スパモン教は面白いソフトだと考え、ゲームソフトをプログラムするように日本版スパモン教の世界観のプロトタイプ制作をしていきました。その中で、日本における社会課題のひとつとして、特定宗教への明確な所属意識のようなものを持てている方が少ないのではないかという仮説を立てました。所属の欲求は家族や会社組織など、現実生活に密接した組織しかないため、精神的な組織または共同体への所属の欲求が満たされたならば、もっと幸せになれる人が増えるのではないかと考えました。それに共感した同志、留学している友人、わたしの計3名によって２００７年にスパモンＪＰＮを設立しました。その後の２０１２年の第二創設期では12名の同志が日本独自の世界観をより色濃くして再構築し、現在に至っています」

――第二の創設期にどのようなことが具体的に行われたのですか？

「会員数が１０００人を超えて、２０１２年頃になると活動が本格的に盛り上がりました。ミサも居酒屋での単なるオフ会ではなく、貸会議室などを利用したオリジナルの凝った脱出ゲームを開催したり、人狼のゲームルールを転用したオリジナルの対話型ゲーム大会を開催したり、高級ホテルで社交パーティーを開催したりと、オタク向けからハイソサエティー向けまで、さまざまな会員属性とそれぞれのニーズに合わせた企画をパラレルに走らせていました。当然、スパモンのミサなわけですから、全ての企画にスパモンらしさを注入することにこだわりましたので、逆に『スパモンらしさとは何か？』という議論も活発になされ、この頃にスパモンＪＰＮとしての教義が確立していきました。それをまとめたのが、愛好者だけが個人的に楽しむことを目的にした非売品のジョーク冊子、スパモンＪＰＮ 公式ガイドブック『スパ問のすゝめ』になります。これらのイベント企画や冊子の編纂を、わたしを含む12名の同志と共にいたしました。そこから5～6年、活動は盛り上がり続けていたのですが、仕事や結婚、出産、育児などで徐々にメンバーそれぞれの実生活が忙しくなりはじめて、会の活動はおさまっていきました。そして、COVID‐19でミサはピタリとなくなり、オンラインミサがたまにあったり、なかったり……という状態になりました。ただ、COVID‐19が流行しはじめの頃、みんな地上波テレビにさんざん不安心を煽られて精神を病みはじめていました。その頃はSNSのコミュニティーで『生きてますか？　点呼』の活動をして、起きたら挨拶、就寝前も挨拶をみんなでして、不安感や孤独感に押し潰されないよう、信者みんなで心を寄り添わせて助け合った温かい交流もありましたね」

――現在、世界にはどのくらいのパスタファリアンがいますか？　また日本では？

「米国本部によるとスパモン教の信者数は全世界で１０００万人以上だそうです。全数は把握できていませんが、日本国内では５０００人以上と推定しています。といいますのも、スパモンＪＰＮだけが日本国内における唯一の正統なスパモン教団ではないからです。当会には現在４６６８名

スパモンJPNにおける信者の分布

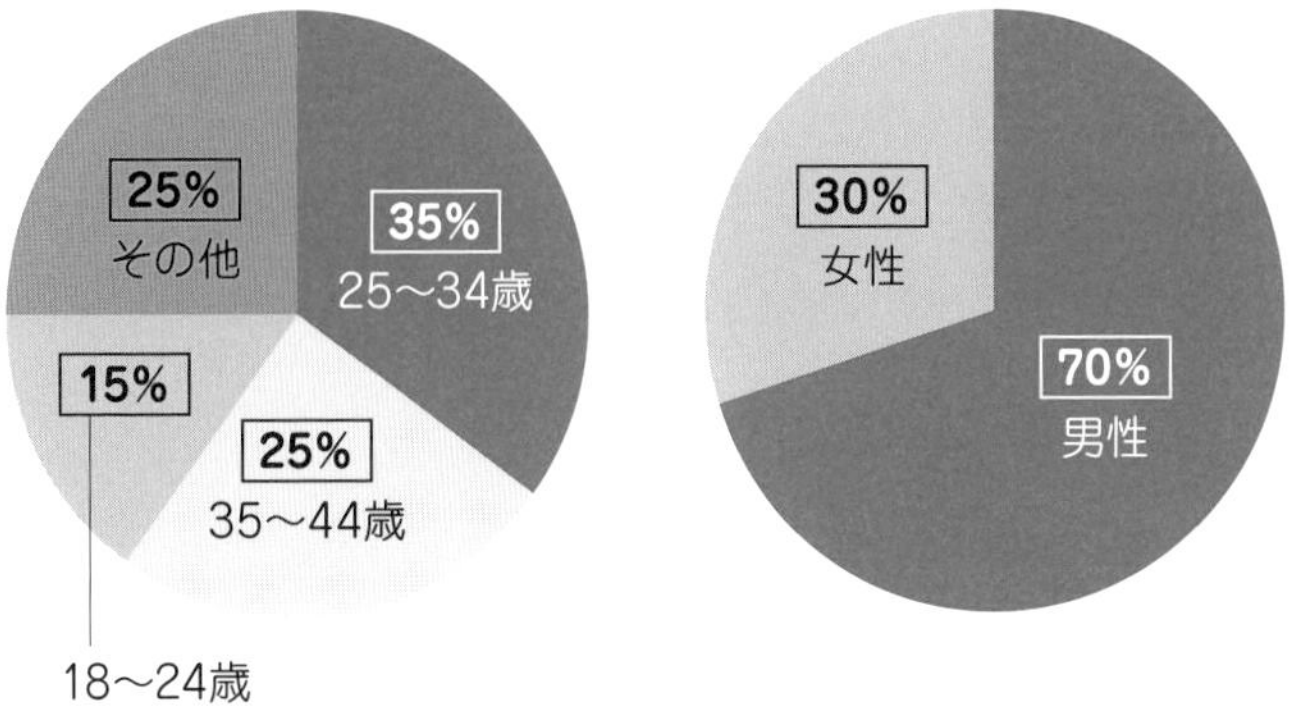

（2022年11月11日現在）のパスタファリアンがいます。年齢層は、25〜34歳が35％、35〜44歳が25％、18〜24歳が15％、その他が25％です。男女比は、男性7：女性3です。活動としては主にSNSでコミュニティーを形成して、ネット上である程度交流した後、気が合った信者同志でそれぞれが自由にミサ（オフ会）をして楽しんでいます。直近ではLINEオプチャ（オープンチャット）での交流が多いです」

——信者はどんな職業の方が多いのですか？

「サラリーマンが多いです。サークルのノリでスタートしたのでパーティー好きがいる一方で、空想科学やSFが好きなオタク系の方もいますよ」

——ナポリタンさんが考える空飛ぶスパゲッティ・モンスター教の魅力を教えてください。

「魅力はたくさんありますし、人それぞれでもあると思います。わたしが考えるには、何かを信仰したいけれども既存の宗教に入るのは敷居が高い、もちろん新興宗教に入るなんてもっと敷居が高い。かといって神社で神頼みするだけでは物足りない。半歩踏み出した信仰生活をしたいという方には丁度よい宗教という〝入りやすさ〟というところは大きな魅力の内のひとつなのではないかとわたしは考えます。他にもメリットとして、マズローの5段階欲求（①生理的欲求→②安全の欲求→③所属と愛の欲求→④承認の欲求→⑤自己実現の欲求）の上位3つが満たされやすくなることが想定されます。世界平和、宇宙・人類の起源、進化論から魂ごと、形而上学などの会話をされたい方には特にお勧めです。哲学的思考実験『スパ問答』や、頭の体操『スパ問題』など様々な会話も楽しめ、知的好奇心が満たされます。死後、天国にビール火山とストリッパー工場が約束されているのも大きなメリットです」

——ミサも定期的に行われているようですね。

「現在、公式ミサの開催予定はないです。けれども信者間で非公式なミサは多数、開催されているようです。教団の性質上、パスタ好きが多いため、

ミサの様子。貸しオフィスを借りての真面目なミサだけでなく、
華やかなパーティーも行っていたスパモンJPN

イタリア料理系の居酒屋などが会場として選択されることが多いようです。わたしたちのルーツは海賊にありますから、当然、ビール好きが多いのですが、最近は女性信者が急増したため、ヘルシー、かつ、翌日にひびかないホッピーの消費も日増しに増えているようです。そして……楽しく飲んだ後には、なんといってもラーメンです。参加希望でしたら、当会フェイスブックのページを『いいね！』している信者にメッセージを送り、直接お声掛けされますことをお勧めします。新しい信者間の出会いの報告も多数寄せられていますので、良識あるコミュニケーションを差支えのない範囲でよろしくお願いいたします」

――公式サイトを拝見したところ、ロゴなども含め、スパモンＪＰＮはかなり日本的な印象を受けましたが、このようなローカライズは、どのような経緯で始まったのですか？　また、信者たちの反響はどうでしたか？

「ローカライズの経緯ですが、それこそが当会に

こちらは非売品のジョーク冊子、スパモンJPN 公式ガイドブック『スパ問のすゝめ』

ミサで使われるオリジナルマスク。秘密結社の会合で使われてそうな怪しげなデザインだ！

課せられた大きな使命の内のひとつと考えています。ただ輸入するのではなく、日本でも受け容れられるように教義を局在化（ローカライズ）する麺仏習合が主な活動となっています。例えば、創造主である空飛ぶスパゲッティ・モンスターのことを天翔大麺尊（あまかけるおおもりなるめんのみこと）、通称『麺尊（めんそん）』と表現をしたり、山や川などの自然や自然現象、また、神話に残る祖霊たる神、怨念を残して死んだ者などを敬い、それらに八百万の神を見いだす神道的な世界観を採用しています。そもそもパロディ宗教のため、なるべくウィットに富んだ冗談精神も大切にしておりまして、会員の皆さまには楽しんでいただけているものと考えています」

――海外のパスタファリアンたちは、どのような活動をしていますか？　交流などありますか？

「基本的には交流がないので、各国でどのような活動をされているかは把握できていないです。ごくまれにニュースサイトのGIGAZINEなどで海外のスパモン教の活動などが取り上げられるので、海外の元ネタサイトなどをWEB調査したりして動向から学ばせていただくことなどはあります」

――海外では、宗教と認めてもらうための活動をする熱心なパスタファリアンもいますが、それについて、どう思われますか？　また、日本では、将来的には、空飛ぶスパゲッティ・モンスター教を宗教法人化したいと考えていますか？

「海外ではもっと活動が盛んだったり、実際に教会があったりするとの情報もありまして、その信仰心と布教活動には頭が下がるばかりです。正式に宗教団体として登録する予定があるかなどはよく問われますが、前提として、麺尊への信仰は信者ひとりひとりの心の中で成立するものだと考えています。その上で、宗教法人登録をする必要性を現在のところは感じていません。よって現段階においては宗教法人化の計画はなく、私的な友愛団体としての活動継続を予定しています」

――最後に読者に向けてコメントをお願いします。

「『日日アラユルめんデ吾吾ハ益益ヨクナッテイル』という呪文を世に拡散させることで世界平和が実現すると仮説を立てています。この呪文を世に拡散し、この呪文を「“”（二重引用符）」でグーグル検索すると33万件以上のヒットがある状態を当面の目標にしています。この呪文はすぐに効果が出る、全てのことがドンドンよくなっていく幸せの呪文です。もっとも効率いいのは毎日寝る前に10回唱えることです。上級者はボーっとしている時にも常にこの呪文を唱えます。大難は小難に、小難は無難に。小吉は中吉に、中吉は大吉に。大吉は諭吉に!?　この幸せの呪文を唱える人が増えれば増えるほど効果はさらにさらに高まるので、ぜひお友だちにも教えてあげてください。ただし効果には個人差がありますことを予めご了承ください（効果には科学的なエビデンスもありますので、興味のある方は『エミール・クーエ※』でお調べください）」

※エミール・クーエ（1857～1926年）　精神科医、心理学者、薬剤師。フランスの自己暗示法の創始者で、病気の患者に暗示をかけ、完治させたことで世界から注目を集める。「日々あらゆる面でわたしはますますよくなっている」と日頃から心の中で唱えることを推奨している

空飛ぶスパゲッティ・モンスター教
関連書籍&グッズ

世界に信者を持つ空飛ぶスパゲッティ・モンスター教。
ネット上を見てみると、入信しなくても買える関連書籍やグッズが販売されていた。
その一部をご紹介しよう。

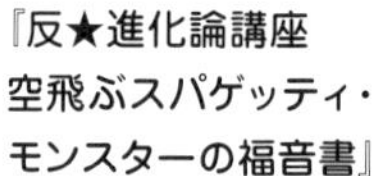

『反★進化論講座
空飛ぶスパゲッティ・
モンスターの福音書』

ボビー・ヘンダーソン著
片岡夏実訳
築地書館刊

ヘンダーソンの著書『The Gospel of the Flying Spaghetti Monster』の日本語版がこちら。「もっともらしいトンデモ科学の手口にだまされない能力が、笑いながら身につく本」なのだ。日本のパスタファリアンなら必須!?

『The Gospel of the Flying Spaghetti Monster』

Bobby Henderson著
HarperCollins Entertainment刊

ボビー・ヘンダーソンが空飛ぶスパゲッティ・モンスター教について記したパスタファリアンのまさに聖書ともいえるのがこの書籍。ペーパーバック版もあるが、熱心なパスタファリアンなら、豪華なオリジナル・ハードカバーを持っていたい!?

『Amazing Stories of the Flying Spaghetti Monster』

Cameron Pierce編
ERASERHEAD PRESS刊

空飛ぶスパゲッティ・モンスターを題材に複数人の著者が書いた物語を集めたアンソロジー。収録された23編の物語は、スパゲッティ・モンスターがゴジラについて語ったり、世界の神々に裁判にかけられたりとバラエティーに富んでいる。

『The Gospel of Bowtie: A New Testament of the Flying Spaghetti Monster』

J. K. Fausnight著

35年間にわたり真の宗教を求めていた男が、空飛ぶスパゲッティ・モンスター教と出会い、パスタファリアンに。そんな著者が書いた空飛ぶスパゲッティ・モンスターの息子（?）、ボウタイの福音書。新約聖書のようなもの!?

『God Speaks! the Flying Spaghetti Monster in His Own Words』

Jon Smith著
LULU刊

シカゴにあるルーズベルト大学の心理学教授であるジョン・スミス氏がアナグラムを啓示と考え「Flying Spaghetti Monster」の単語から様々な解釈を試みた書だが……。購入者からの評価は割れている

GOODS

空飛ぶスパゲッティ・モンスター教の公式サイトで販売している「公式叙階パック」（送料込みで49ドル）。申し込めば、名前を入れてアメリカから送られてくる。そのほか、amazon でもバッジやパーカー、Tシャツ、マグカップさらにはパスタ入れまで、さまざまなグッズを販売している

スパモンJPNの公式グッズ

日本オリジナルのグッズは、スパモンJPNのサイトにて発売中。バッジやチョーカーなどのほか、ユニークな「麺罪符」なるお札もある

参考資料

『反★進化論講座―空飛ぶスパゲッティ・モンスターの福音書』（築地書館）
ボビー・ヘンダーソン著　片岡夏実訳
『The Gospel of the Flying Spaghetti Monster』（Harper Collins）　Bobby Henderson著
『私はパスタファリアン』マイケル・アーサー監督
『とんでもない本の世界U』（楽工社）と学会著
『Church of the Flying Spaghetti Monster』http://www.venganza.org/
『The Flying Spaghetti Monster』http://spaghettimonster.com/
『spamonjpn』https://spamonjpn.wixsite.com/
『Huffington Post』http://www.huffingtonpost.com/
『UNCYCLOPEDIA』https://en.uncyclopedia.co/wiki/Flying_Spaghetti_Monster
『WIKIPEDIA』https://en.wikipedia.org/wiki/Flying_Spaghetti_Monster
『現代ビジネス』https://gendai.media/articles/-/67395?page=2
『The Guardian』https://www.theguardian.com/world/2019/may/18/pasta-strainers-and-pirates-how-the-church-of-the-flying-spaghetti-monster-was-born
『WRSP』https://wrldrels.org/
『Britannica』https://www.britannica.com/topic/Flying-Spaghetti-Monster#ref1254227
『HISTORICA』https://historica.fandom.com/wiki/Bobby_Henderson
『The Sunday Morning herald』http://www.smh.com.au/comment/church-of-the-flying-spaghetti-monster-20141115-11nc2q.html
『Stuff』Church of Flying Spaghetti Monster approved to perform marriages ¦ Stuff.co.nz
『International Business Times』http://www.ibtimes.co.uk/church-flying-spaghetti-monster-how-pastafarianism-emerged-worlds-newest-religion-1538170
『Daily News』http://www.nydailynews.com/news/politics/pastafarian-politician-takes-oath-office-wearing-colander-head-article-1.1568877
ほか

空飛ぶスパゲッティ・モンスター教ガイドブック

2023年3月21日　初版第1刷発行

著　者　FSM研究会
写　真　Shutterstock、Church of The Flying Spaghetti Monster
イラスト　小野崎理香、Shutterstock、Church of The Flying Spaghetti Monster
編集協力　開発社、空飛ぶスパゲッティ・モンスター教会日本支部
発行者　石井 悟
発行所　株式会社自由国民社
〒171-0033　東京都豊島区高田3－10－11
電　話　03-6233-0781（代表）
造　本　ＪＫ
印刷所　新灯印刷株式会社
製本所　新風製本株式会社